管理学专著系列

2017 年河北省社会科学发展重点课题（编号：201702120201）
2018—2019 年度河北省高等教育教学改革研究与实践项目（编号：2018GJJG286）
国家第三批特色专业建设点工商管理专业建设项目（编号：TS10689）
河北省一流本科专业建设点工商管理专业建设项目
河北地质大学自然资源资产资本研究中心资助
河北省高校重点学科建设项目资助

企业社会责任与伦理文化研究

QI YE SHE HUI ZE REN YU
LUN LI WEN HUA YAN JIU

苗泽华　王彦博　闫丽平　著

企业管理出版社
ENTERPRISE MANAGEMENT PUBLISHING HOUSE

图书在版编目（CIP）数据

企业社会责任与伦理文化研究 / 苗泽华，王彦博，闫丽平著．—北京：企业管理出版社，2020.12

ISBN 978-7-5164-2272-4

Ⅰ．①企…　Ⅱ．①苗…　②王…　③闫…　Ⅲ．①企业责任－社会责任－研究　②企业伦理－研究　Ⅳ．①F270

中国版本图书馆 CIP 数据核字（2020）第 200205 号

书　　名：企业社会责任与伦理文化研究
作　　者：苗泽华　王彦博　闫丽平
责任编辑：寇俊玲
书　　号：ISBN 978-7-5164-2272-4
出版发行：企业管理出版社
地　　址：北京市海淀区紫竹院南路 17 号　　　邮编：100048
网　　址：http://www.emph.cn
电　　话：编辑部（010）68701638　发行部（010）68701816
电子信箱：qyglcbs@emph.cn
印　　刷：北京七彩京通数码快印有限公司
经　　销：新华书店
规　　格：170 毫米 × 240 毫米　16 开本　11.75 印张　154 千字
版　　次：2021 年 4 月第 1 版　　2021 年 4 月第 1 次印刷
定　　价：58.00 元

前　言

家庭是社会的基本单元，企业是经济社会的基本单位。

企业要想在激烈的竞争中求生存、促发展，就要加强伦理道德建设，承担并履行社会责任。尤其是企业经营管理者，更需要遵循天地之道，学习经营之道，笃行君子之道，在社会经济发展浪潮中笃行伦理道德，勇担社会责任！

人的欲望、需要、追求，是人类创造之动力。人立于需旁，人需和合为儒。就“儒”字而言，做人阳光一些，需求少一些，幸福就多一些，烦恼也就少一些。儒者，需人也，人需也，君子之德也，天地之道也。做人是这样，经营企业也是如此。英国著名经济学家亚当·斯密在《国民财富的性质和原因的研究》（简称《国富论》）中提出了“市场是一只看不见的手”这句名言，并以“利己”为中心论述了分工与交易之关系，创建了市场经济的基本理论。值得关注的是，亚当·斯密在《道德情操论》一书中提出并极力宣扬以“利他”为基础的道德思想情操。并在第二篇中写道：我们在这个世界上辛苦劳作，来回奔波是为了什么？所有这些贪婪和欲望，所有这些对财富、权力和名声的追求，其目的到底何在呢？归根到底，是为了得到他人的爱和认同。1976年，诺贝尔经济学奖获得者米尔顿·弗里德曼说：不读《国富论》不知道应该怎样才叫“利己”，读了《道德情操论》才知道“利他”才是问心无愧的“利己”。一个企业经营者，能不忘初心，守住伦理，守住道德底线，取之有道，才能问心无愧地面对“利他与利己”这一经济与道德命题。

习近平总书记指出：中华优秀传统文化是中华民族的精神命脉，是涵养社会主义核心价值观的重要源泉，也是我们在世界文化激荡中站稳脚跟的坚实根基。中华传统伦理是中华优秀传统文化重要组成部分。企业伦理是企业自身与利益相关者之间的伦理。企业与利益相关者本是不同的个体，但因利益关系而结合为一体，生死与共，休戚相关。“责权利相称”是管理学中的基本原则。“责、权、利”三个字，字字千金。责是责任，权是权力，利是利益。在管理中，为什么“责”排在第一位呢？不敢承担责任，不能履行责任，有了权力也无所适从，连自己都管不好，又如何管理他人？为什么“利”排在最后呢？俗话说：“没有耕耘，就没有收获。”耕耘是责，收获是利。“利”是“责”之报偿，也是履职尽责的回报。为什么“权”要放在“责”和“利”之间呢？“权”是杠杆支撑点，权之运用在于平衡责和利，分配责和利，更好地激活人的能动性，充分调动人的积极性。

培育新儒商是建设新时代特色社会主义的需要，也是中华民族伟大复兴的需要，还是企业在生存发展中增强伦理建设、担当社会责任的需要。培育新儒商必须以习近平新时代中国特色社会主义思想为统领，继承创新，才能日新又新！不论是学习中华优秀传统文化，还是借鉴西方企业伦理思想，都要树立政治意识，培育责任意识，做到心中有责任，行为合伦理。

苗泽华

2020 年 10 月

目　录

第1章

企业伦理

“虡业维枞，贲鼓维镛”出自《诗·大雅·灵台》。《说文解字》上说：“枞，松叶柏身木也。从木，从声。”宋·陈旸在《乐书·雅部·木之属》说：“撞钟鼓谓之枞。”钟鼓，国家之雅器，礼仪文明之象征。古代悬挂钟鼓的木架及两侧粗大的立柱为什么选用枞木呢？因为枞树既有松树的特征，也有柏树的特征，端直高耸，四季常青。不论是做人、做事、做企业，都要学习枞木的端正、挺拔、正直、刚强，成为国家的栋梁之材，成为社会的中流砥柱。人生和事业要坚持向上、向善、向前，才可能成就巨业、德业、功业。这需要我们学习枞树的端正刚直，学习枞树的四季常青。企业伦理就是企业生命的脊柱。让基于伦理的企业像枞树那样永葆青春，像枞树那样繁荣昌盛，像枞树那样造福苍生。

1.1 企业伦理的内涵

1.1.1 对“企业”的诠释

从字义上理解，“企业”是由相同或相似企盼、愿景之人群组成，并企望、企立某种德业、善业、功业、事业有所成就。我国1979年版的《辞海》将“企业”的解释为：“从事生产、流通或服务活动的独立核算经济单位。”《现代汉语词典》将“企业”解释为：“从事生产、运输、贸易等经济活动的部门，如工厂、矿山、铁路、公司等。”英文的“企业”有诸多同义词，如“ Enterprise”是指一个工商企业单元，可以是一家公司或者商业店铺，往往是指规模较小的商家。“ Company”是指公司型经营企业，往往有一定规模，以营利为目的，主要指销售商。“Business”是指大型商户，具有一定规模，包括制造商和销售商。

要掌握企业内涵需要重视并把握以下几点：①满足社会需要。企业通过市场向社会大众提供产品、劳务或服务。“利他”是社会对企业的本质要求。②市场主体。企业、个人和政府是参与市场的三大主体。企业是市场经济活动的主要参与者。企业通过参与市场竞争来体现自身存在的价值与相对优势。③营利性。企业是以盈利为目的的组织。营利性是企业存续的本质要求。把握“营利性”，就要处理好“利他”与“利己”的关系。④经济活动。企业是社会经济基础，主要从事生产、流通、服务等经济活动。⑤经济组织。企业是一个由人、财、物等要素构成的经济组织。企业作为法律拟制人，要遵守所在国家的法律法规，自主经营，自负盈亏，独立核算，照章纳税。

1.1.2 企业的创建与淘汰

国无德不兴，人无德不立。中国有五千年悠久文化，厚重的历史沉淀了丰富的伦理道德思想，形成了优良的中华民族传统文化。《论语·学而》上说：“君子务本，本立而道生。”这揭示了治国做人的基本原则，那就是专注和全力以赴。《世说新语》中提到“德成智出，业广惟勤，小富靠勤，中富靠智，大富靠德，小胜靠智，大胜靠德。”《礼记·大学》中关于“格物、致知、诚意、正心、修身、齐家、治国、平天下”的论述，强调了个人立德为先，提升内在的德智修养，具有强烈的使命感，勇于承担重任。西方伦理道德观以其文化发源地古希腊文明为基础。亚里士多德堪称西方哲学的集大成者，马克思称他为“最博学的人物”，恩格斯称他是“古代的黑格尔”，也有人称他为西方的孔子。在亚里士多德的思想体系中，伦理是个体的一项基本品质，个人追求幸福的生活离不开良好的道德素质，包括品格高尚、身体康健、性情温和、智商超群。

国家的长治久安不仅需要公民个体伦理道德素质的提高，而且应当将高尚的道德渗透到各个领域。道德兴，国家兴；道德兴，民族兴；道德兴，企业兴。经济生活领域同样不仅不能与伦理道德相互割裂，而是必然受到伦理道德的规范与约束。作为市场的微观主体，企业必须重视道德管理，在科学管理的基础上，以道德智慧管理为导向，促进企业努力实现可持续发展。陈寿的《三国志》上说：“士有百行，以德为首。”就企业而言，只有抑制其违反道德准则的行为，强化与道德准则一致的行为，才能符合社会公众的期待和认知，达到利益相关者的期望并获取合法性，企业伦理道德对企业核心竞争力有直接影响，关系到核心竞争力的形成、培育和发展，企业伦理是提升企业持续发展竞争力的关键要素。

市场经济越发达，对企业伦理道德的要求越高，这是现代文明的重要特征。日裔美籍学者弗朗西斯·福山（Francis Fukuyama）在《信任：社会道德与繁荣的创造》（1995）一书中从文化的视角提出了信任的理念，认为信任是一种自发的社会力，信任对企业发展的影响将会越来越明显，哪个企业的伦理道德水准越高，哪个企业越可能赢得更广阔的市场。否则，企业将加速衰亡。企业伦理将成为有价值的战略资源。

美国的兰德公司曾对世界500强企业开展研究，试图挖掘其基业长青的秘诀，经过20年的追踪调查，得出的结论是，这些企业不以经济上获得利润为唯一目标，都重视企业伦理的建设，并坚持执行三项伦理准则：第一，人力资本至上，其价值高于企业其他一切事物；第二，团队共同的价值高于单独个体价值；第三，社会价值高于企业的利润价值。企业的安身立命之法宝在于超越社会期待。柯林斯和波勒斯的管理学名著《基业长青》，研究了行业最能持续保持优秀的 18 家公司，总结他们为何历经锤炼，卓越不凡。书中有句经典总结：高瞻远瞩的公司追求完美的理想主义和高度的盈利能力，还要在两者之间追求恰当的平衡。企业生存虽然离不开盈利，但要走得更远，必然依赖企业的核心价值。理想主义并非镜花水月般虚无缥缈，而是立足现实、脚踏实地，也就是最优秀的企业可以将企业盈利能力和社会效益协调一致。

“成也萧何，败也萧何。”企业伦理可能塑造出长盛不衰的企业，或者创造出不同业态和模式的新企业。然而，在激烈的竞争和不可预测的市场经济时代，利润与每个企业的命运休戚相关，有些经营者在追求利润时不注重可持续发展。随着全球化带来的规则和诚信竞争的压力越来越大，企业管理者认为，新时代企业的道德责任从未像现在这样大。研究企业伦理与企业可持续发展竞争力的关系具有重要的理论和实践意义。企业伦理反映了人的本性，有利于解决管理活动中的道德冲突，促进企业可持续发展。企业管理的境界有道、德、策、术四个层次。在当今企业管理中，不少经营者或管理者，其境界还停留在“术”和“策”的层面上，而未能上升到“德”和“道”的层面上。策与术，因时因地而制宜。道与德，时时刻刻律身润心。个人要提升境界，就要不断提高自己的学养、教养、涵养和修养，就要坚持弘扬中华优秀传统文化，持之以恒地笃行人间伦理。企业要提高自己的品质、品位、品牌。也要以道为引领，在企业内外立德，在企业生产经营中笃行伦理，踏踏实实地奋斗，才能推动企业通向光明的未来，成就利国利民的功业。

1.1.3 企业伦理发展述评

从二十世纪六七十年代开始，许多学科都在以不同的视角来研究企业伦理。总的来看，许多学科从不同的角度对企业伦理进行了诠释，产生了百花齐放的观点。本书从哲学、经济学、管理学三种视角依次归纳梳理。

1. 哲学视角下的企业伦理研究

哲学家、社会学家和伦理学家评估和判断企业的伦理行为时主要从功利主义、本体论和正义论的角度，通过价值理念引导和方法论的指导，为企业的道德伦理决策提供参考。在现代西方伦理研究中，英国思想家霍布斯（Thomas Hobbes）是第一个全面阐述经济伦理的学者。在他看来，文明社会的象征是契约的出现，契约包含着道德，核心道德是正义，正义是契约的表现。作为最高水平和层次的社会价值观，道德和伦理实际上是善。

中国企业伦理应该与社会主义意识形态高度一致，继承和弘扬中华文明，在社会主义道德建设中发挥重要作用，倡导企业遵守公共道德、伦理和规范。中国伦理学者对建立适合中国特色社会主义市场经济体制的道德规范体系进行了长期的思考和实践。在此过程中，我们纠正了先前对市场的偏见，从社会需求和个人道德权利的角度论证了建设中国特色社会主义市场经济的道德合理性和必要性。在此基础上，构建了道德规范体系。随着市场的成熟，该规范体系也在不断完善和丰富中。

2. 经济学视角下的企业伦理研究

经济学家运用马克思主义经济学理论、制度经济学理论、福利经济学理论、生态经济学理论、博弈论、寻租理论，深刻揭示了伦理道德非经济因素的重要性。

在《道德情操论》一书中，亚当·斯密（Adam Smith）阐释了利他主义，鼓励人类的同情心、怜悯心、自律自治行为，完整地介绍了经济伦理思想。他强调企业家要有“道德的血液”。企业家作为企业发展的管理者和决策者，企业家的伦理素质对企业的整体道德素质和社会责任感有很大影响。1993 年，诺贝尔奖经济学得主道格拉斯·诺斯（Douglass C. North）是新经济史学派的创始人，他的著作《经济史中的结构与变迁》以制度变迁理论对经济史进行了解释，诺斯所指的制度是一系列被制定出来的规则、守法程序和行为的道德伦理规范，他认为制度因素对经济增长和社会稳定起决定性作用。印度经济学家阿马蒂亚·森（Amartya Sen）为伦理学与经济学的融合做出了里程碑式的贡献，并于1998年获得诺贝尔经济学奖。在《伦理学与经济学》（1986）一书中，阿马蒂亚·森用伦理学解析了人类的经济行为，用经济学阐释了社会的道德规范，明确指出了经济学和伦理学之间的同源性和互补性，并进一步揭示了伦理学、经济学和社会福利之间的关系。他认为经济越发达，越需要伦理回报，而脱离伦理的约束，只会导致更贫困。

20世纪80年代，中国著名经济学家陈岱孙先生研究了经济学与伦理学的关系。他认为："经济现象与自然现象不同，经济学作为一门社会科学，不能与人分离，不能与社会分离，不能脱离社会价值判断，不能回避社会伦理问题，不能成为自然科学中的物理学、化学、天文学等那样的科学。"张维迎教授在2010年出版的《市场的逻辑》一书中指出，在市场经济中，既有一只"看不见的手"，即优胜劣汰的调节功能；又有一只"隐形的眼睛"，这就是信誉机制、道德机制。企业声誉不好，不值得利益相关者信赖，就会被淘汰。要想在市场上取得成功，一定要树立很好的口碑和威望。

3. 管理学视角下的企业伦理研究

管理学家从古典管理理论、行为科学理论、现代管理理论和当代管理理论等角度，针对企业伦理问题对企业文化管理、人本管理、价值管理等具有鲜明特色的人文管理模式进行了总结和阐述。

1933年，美国著名的行为科学家梅奥（George Elton Mayo）在其著作《工业文明中的人性问题》中，首先提出了人是"社会人"而非"经济人"的著名观点，开创了行为科学学派的管理学分支。霍桑实验得出结论：在组织中，员工的行为并不单纯具有追求金钱等物质层面的动机，员工工作的积极性还跟社会和心理因素有关，注重情绪、情感，追求友情、亲情；关注组织气氛，乐意被接纳和认可，获得尊重；追求安全感和归属感。员工是企业内部重要的利益相关者，梅奥提出的"社会人”的观点反映了人文伦理的重要性，企业内部伦理是企业处理企业与内部利益相关者（主要是员工）之间关系时遵循的道德规范和行为准则。梅奥的研究表明，加强人文伦理是提高员工满意度的关键因素。随着行为科学管理逐渐成为管理学领域的主要流派，人的行为表现及其规律受到了关注和尊重，企业内部伦理成为现代企业管理的主要内容之一。

人是企业中最重要的因素之一，企业的生产经营活动就在于发挥人的能动性，调动人的积极性。东方管理学派创始人、“复旦管理学终身成就奖”（2018）获得者苏东水教授，将“以人为本、以德为先、人为为人”作为东方管理学的精神内核，以中国优秀文化为基础凝练华商管理的新思想，对指导中国企业实践做出了重要贡献。他认为，企业管理与伦理的结合根本目的在于激励企业树立“利他”的管理价值观，强调管理的互动性，激发员工的潜力和创造性。

自20世纪60代以来，企业伦理便成为管理学研究的一个热点问题。经过50多年的发展，企业伦理的研究不断深化和拓宽，研究主题包括企业的社会责任、道德管理、利益相关者、跨文化管理、伦理竞争优势等内容。不仅是理论界，世界上许多著名的企业也从各自的实践出发，积极探索企业伦理的管理。这些年在社会上也有一大批企业一直在追求着正当的价值，恪守着基本的良知，坚守着社会的责任，他们不仅是众多企业道德追求的楷模，也是社会道德建设需要大力宣传和学习的示范。

1.2 企业伦理问题及原因分析

1.2.1 企业发展所面临的伦理问题

企业伦理主要解决两个核心问题：一是企业是否应该讲伦理、讲道德，是否需要建设伦理道德体系。这个问题恐怕没有异议，人们都认为这是必需的、应当的。二是企业应该如何讲伦理、讲道德，人们对这一问题说法不一。企业讲伦理，有的是将其作为营销手段，有的是展示企业形象设计，有的是将伦理作为创业精神的一部分，有的借助伦理摆脱困境、走出危机。企业应当建立伦理规范，诚信运营，促进企业健康发展。在此，从生态伦理、人力资源管理伦理、营销伦理三方面分析企业发展所面临的主要伦理问题。

第一，在可持续发展视角下的企业生态伦理问题。企业生态伦理作为企业伦理的一部分，也是国家生态文明建设的重要内容。企业作为一个开放的组织系统，与外部生态环境紧密相连，必然对生态环境产生影响。工业文明的快速发展促进了科技和经济的进步，却也导致了资源过度消耗和环境污染问题，生态危机日益加剧。我国传统文化中渗透着生态伦理的思想，儒家讲"参赞化育"，指的是人作为自然所生之物应从属于自然、参与自然的演化与发育；道家生态伦理观讲"道法自然"，指人类的活动应该遵循和效法天地、自然的运行之道。生态伦理管理是企业持续发展战略中重要的组成部分，现代企业生态伦理意识不够、承担环境责任的动力不强、缺乏生态伦理道德标准，这些问题在一定程度上阻碍了企业的长期发展。

第二，以人为本的企业人力资源管理伦理。汉语的楷书"人"字是由左边一撇和右边一捺组合而成。有人说，一撇代表自己，一捺代表他人，人与人相互支撑才是大写之人。在企业管理中，不仅要挖掘出人性的真善美，还要把人性的真善美落实到生活、工作及行动之中，通过求真行正，无论身处企业的哪一岗位，都要做一个真正的良善好人。长久以来，企业中的管理者和一般组织员工的地位不对等，管理者更多以"经济人"假设看待员工，将员工视为创造利润的工具。当代管理理论中以人为本的价值导向逐渐占据主导地位，企业管理者开始重视组织中人的要素，尊重员工的权利，关心员工的健康，帮助员工成长，建立信任合作，实现组织与员工双赢。企业人力资源管理伦理的核心问题是如何平衡并且提高企业管理的工作质量以及员工的生活质量。

第三，以诚信为本的企业营销伦理。营销伦理是企业管理伦理的一部分，是企业在从事营销活动中所应遵循的伦理原则、道德准则和行为规范。它应当服从和服务于整个社会的伦理，社会主义市场经济是法制经济和信用经济，企业在市场营销过程中应当合规合法，诚信为本。诚信是道德规范、社会交往的基本准则，以诚信为本的企业营销伦理主要是判断企业营销活动是否符合消费者及社会的利益，是否符合与竞争对手公平竞争的伦理规范。市场营销蕴含着丰富的伦理思想，以诚信为本的企业营销伦理有助于企业进一步赢得客户、开拓市场，获得良好的信誉，提升企业的形象。

1.2.2　企业伦理失范原因剖析

自改革开放以来，我国的经济持续较快增长，向高质量发展阶段迈进，如此成就的取得一方面得益于中国的经济政策和国际环境；另一方面也得益于中国企业和企业家们的伦理情怀与道德操守。探讨企业真正的经营之道，必然要考虑企业的伦理问题，诸如上文所述，企业的伦理问题主要体现在生态、人力资源管理、营销等方面，其建设涉及文化、机制、法律等多重层面。重点是要思考企业追求利益的方式是什么？如何在追求利益中寻求各要素的平衡？企业常常将获取利润作为决策目标，利润的“利”是剩余，而“润”就是企业的社会责任所在。也就是说，企业在追求利润的同时兼顾企业伦理、履行社会责任，追求利润和履行道义两者并行。企业运用合法的手段获利，将员工视为人才从而获利，将利益相关者看作利益共同体从而共同获利，终其目的在于“润”泽社会、回馈社会。善待员工，是企业的“基本之德”。企业之“大德”表现为其行为能够惠及顾客、债权人、供应商、政府、社会公众，且不会损害自然生态环境。

企业道德失范的原因有很多，我们认为关键有两条：一是从企业本身来看，缺乏正确的价值观和义利观，把企业单纯看成是一个赚钱的组织，不懂得企业除了要通过提高经济效益而获得自身利益外，还要追求社会效益并承担社会责任。二是从社会的角度来看，对企业的不道德行为缺乏严厉的道德惩罚机制。因此，一定要健全和完善道德惩罚机制，让企业伦理建设和经营发展同步，不给企业道德沦丧可乘之机。

在此，我们以哲学、经济学、管理学理论基础分析企业伦理失范的原因。

第一，在哲学理论视角下企业伦理失范的原因分析。从哲学的视角来看，人类中心主义和狭隘功利主义价值观是企业伦理失范的主要原因。

哲学视角下“人类中心主义”(Anthropocentric) 界定人类是宇宙的中心，是自然界的所有者和主导者，企业的决策和行动满足人类生存和发展的需要，不断向自然界索取资源，忽视自然生命本身的价值和意义，这是产生生态环境伦理问题的根源。不尊重自然界发展的本质特征和内在规律，完全基于感性愿望来满足自身的需要，如某些企业采用高污染、高消耗的生产方式，导致了日益严重的生态危机。随之“人类中心主义”的观点逐渐削弱，不断被修正，生态伦理观走向大众视野，生态伦理观提倡人与自然万物平等，天人和谐相处。依据这一视角，企业生产经营要秉持生态、绿色、环保的管理理念和行为准则，以创新驱动工业文明进程。

功利主义价值观忽视公正和道义原则，是企业伦理失范的重要原因之一。功利主义具有一定的狭隘性，存在着难以克服的局限性，容易导致利己主义和个人主义。中国生物多样性保护与绿色发展基金会理事长出席“2012—2013 最受尊敬企业颁奖典礼”时发表讲话，指出了企业功利主义的价值观要解决好三个问题：首先要保证在不牺牲成本的前提下，保证工人的工资，对出资人有利；其次，第二次分配要向国家纳税，供政府的公共事务对社会服务的支出；最后，第三次分配要讲民生，这是实至名归地讲民生，是企业对社会公益的贡献，而不是伪善的。这种道义的行为会被提供更多更大的社会舞台，便于他们发挥作用，传播企业伦理道德理念。功利主义过分强调人的物质性需求，导致人的物欲极度膨胀，拉远了人与人之间的距离，使上下级、同事之间变得陌生、冷漠。人应该克服狭隘的“功利主义”思想，相互关爱、尊重、包容，这是避免企业人力资源管理伦理问题出现的重要手段。

第二，在经济学理论视角下企业伦理失范的原因分析。在经济学理论视角下，主流经济学的“理性经济人”假设、企业外部性理论，能够分析企业伦理失范的原因。

从人性假设探讨，理性经济人假设与人力资源管理伦理相比，忽视了人真实本性中的情感、心理、公平、社会需求等。换而言之，理性经济人中人的过度理性、自利性只是人性的冰山一角，甚至不是员工工作的主要动机，也不应该是企业管理的主要关注点，如果遵循了理性经济人假设进行管理，有违人性对团结、和睦等美好情感的追求和向往。从生态伦理分析，企业基于“理性经济人”假设，追求利益最大化，这是企业发展的唯一目标。

外部性实际上是市场失灵的重要表现，由于在使用环境资源过程中外部性的出现及环境信息的不对称，竞争市场不再通过价格波动、供求关系的变化来进行调节，自主地达到资源配置零机会成本的配置状态，市场的运行机制受阻，出现市场失灵的状况。公共物品本身极易产生外部性，因为企业使用了这种资源产生了利益却不需支付成本，或者企业损害了这种资源却不需支付赔偿。在生产活动中，企业只考虑自身降低成本、获得经济报酬，而不考虑社会成本和社会危害。这就是企业生态伦理问题出现的原因。

在市场经济活动中普遍存在信息不对称的现象，信息不对称可能导致信用缺失，产生营销伦理问题。由于经济活动的参与人持有的信息不对称，信息拥有方为谋取自身的利益，引发道德风险，出现欺骗、隐瞒、不负责任等行为倾向，损害另一方的利益。在信息不对称的情况下，如果不讲信用的营销行为没有得到有效约束，巨大的交易成本将极大地影响市场效率。有时因为制度缺失、干预和管制效果不理想导致出现营销伦理失范行为，如有些法律法规不健全，这一过程中有的企业就可能投机钻营。如果出台企业伦理的评价办法及相关意见，企业一定会高度重视伦理建设，避免伦理问题的发生。

第三，在管理学理论视角下企业伦理失范的原因分析。缺乏“以人为本”和“公平公正”的意识，缺乏公平正义感，人力资源管理缺乏公平公正的文化氛围，这是企业伦理问题的重要原因。公平的本身就是一种优良高尚的道德品质，在企业中体现为组织成员利益分配的科学性、合理性和对称性，这个利益不仅是经济利益，还包括隐形福利、身份、地位等内容。遵从伦理管理的思想，企业管理者在处理与员工的关系时，应做出合乎道德的规定，合乎员工对道德的判断和标准，合乎员工认可的公平公正。

公平公正、以人为本，与个人的主观判断有很大关系，每个人持有的公平伦理标准不一致，导致公平感受也不一样，这是企业伦理问题出现的原因。另一方面，社会中确实大量存在忽视人才因素，忽视公平公正管理理念的现象，这是伦理管理需要关注的。从管理学理论的发展史来看，和泰勒同时期的法国管理学家法约尔（Henry Fayol）提出了管理的公平原则，企业管理者的工作重点在于如何更加有效地管理好企业。随着现代管理学阶段的到来，企业文化理论强调以人为本，推进公平、公正的企业文化建设。在企业实践中，如果忽视人的关键要素，员工的需求难以满足，个人价值无法实现，员工又何来工作动力？其实，公平、公正是一种最朴素的伦理观，也是企业伦理最易出现失误的一个方面。

1.3 企业伦理及其建设

1.3.1 企业种群与共生

从生物学的角度来看，种群是在同一时期占据一定空间的同一物种的个体的集合。生物种群关注的核心是种群的动态问题，包括种群的增长和扩散，而其直接结果来源于资源竞争或合作共生。自然种群具有空间、数量和遗传等特征。与自然界相似，不同类型的企业形成了各种企业集团或种群，它们在一定的空间范围中共存，形成了企业集团。企业的成长和战略选择可以从种群生态学理论的角度来解释。

种群生态理论起源于达尔文的生物进化理论，其理念是众人熟知的物竞天择、适者生存。自此，社会科学领域的学者一直试图将这一思想引入组织管理领域的研究。英国生态学家坦斯利（Tansley，1935）提出了商业生态系统的概念，认为商业生态系统是一个统一的整体，它通过各种生物之间及生物群落与其无机环境之间的能量流动和物质循环，在一定的空间和时间范围内相互作用。汉南和弗里曼（Hannan 和 Freeman，1977），为组织研究中的种群生态学理论的发展做出了突出的贡献。两位学者将企业种群定义为是指具有相似或相同特征的企业群体，相似或相同的判断标准在于企业依赖的外在环境及其模式是否相同、企业是否依赖共同的某种物质或资源，企业种群成长、衰落、消亡的决定因素在于对环境的适应性。

种群生态理论应用到组织领域的研究主要涉及两类主题：一是挖掘和探究组织与环境之间的关系。研究和关注组织类型和环境依附之间的关系，认为制订公司战略时，需要关注企业所处的生态系统情境。企业的生存和发展受制于周围的生态环境，面临被环境选择、可能因不适应而被淘汰的局面。企业生物体通过扫描环境、自我蜕变、资源整合、迭代创新、试错等适应环境的变化，保持生命活力。二是主要探讨组织种群内或种群间的相互关系的研究。与传统的竞争观念不同，基于种群生态理论的视角，学者们的研究更加关注企业与所处商业生态系统如何构建和谐共生、协同创新的关系。当今企业面临快速变化、高度不确定性、动态复杂的环境，面临前所未有的挑战，北大学者陈春花教授提出，未来的组织应该是一个共生型的组织，共生型组织具有四项特征：互为主体性、整体多利性、柔韧灵活性、效率协同性，是基于顾客价值的一个高效的、跨领域的价值网络。

种群生态的形成和发展，与人类进化有诸多相似之处。因为人类是群体性、社会性动物，人是能够直立行走、能劳动、有智慧、创造人类精神与物质文明的高级动物。在人类进化过程中，人类从猿类中分离出来，成为能直立行走的动物。随着自然界的演化，以及人类社会的发展，人类的智慧逐渐迸发出来，创造了灿烂的文明。社会文明的基础与支撑则是伦理道德。同理，企业种群的成长演变也需要伦理道德作为支撑。现有的商业生态系统研究以互利共赢为基础目标，关注各构成要素的共生关系，强调商业生态系统在市场、客户、产品或服务、社区、政府和社会公众等多个维度的合作，从而构建整个生态系统的优势。与优胜劣汰、弱肉强食的竞争残酷性不同，企业种群共生注重平等合作、优势互补、协同创新、可持续发展。竞争给企业发展带来了强大的动力和活力。但与此同时，一些企业在竞争中不遵守基本的伦理道德、破坏正常的竞争生态的现象也时有发生，而且有时还比较严重。

1.3.2 企业伦理的内涵与本质

1. 对“伦理”的释义

“伦”一般是“人伦”，也指“辈分”。

“伦”的造字本义为人与人之间的等级、秩序。“伦”是名词。《逸周书》中记载：“悌乃知序，序乃伦；伦不腾上，上乃不崩。”

“伦”的引申意义为同等同级之人、群、类。“伦”字的组词有：天伦、人伦、绝伦、伦理、伦常、不伦不类、无与伦比等。在我国传统文化中，天伦是指天然的关系，即自然而然的血亲关系，如父子、兄弟。由于人的血亲长幼关系是自然关系，也是天然关系，即“天定”的关系，故称为“天伦”。人伦是指人与自己亲人之外的其他人之间产生的和谐美好关系。如夫妻、君臣、朋友。天伦是先天的，是不可改变的。人伦是后天的，是可以建构的。我国古代的五伦正道、伦理纲常强调诚意正心、修养德行，五伦正道不仅能和谐天地人之间的关系，也能促进家庭的和睦与稳定，促进企业的和顺与兴盛，促进国家的和谐与繁荣，促进世界的和平与发展。

进一步引申，“伦”则是指人、群体、社会、自然之间的利益关系，包括人与人、人与组织、人与社会、人与自然、个体与群体、群体与群体、群体与社会、社会与自然等多方面相互之间的利益关系。

2. 企业伦理的内涵与本质

二十世纪八九十年代，国外对商业伦理的研究主要集中在个体层面，指个体的道德情操。到 21 世纪初，随着组织行为理论的发展，逐渐从个体层面上升到组织层面，企业的规范标准、价值理念、仪式习俗、社会责任等都属于企业伦理的内容。1985 年，路易斯（Lewis）将企业伦理的内容概括总结，认为企业伦理是一系列的标准、原则和规范，指导企业实践，具有信念引领的作用。1997 年，乌尔里希（Ullrich）指出，组织主要依赖于先前经验，通过参考企业自己预先形成的商业伦理标准来分析和评判其当前行为是否合乎规范。由此看出，从组织层面分析，研究人员强调组织内所有成员都认可和接受的统一企业伦理思想的存在。

我国学者王小锡（1994）认为，企业伦理即企业道德，是一种善或恶的价值取向，是一种行为规范，基于此，在经营运转过程中协调企业的内外关系，提升员工的素养。有的学者认为，狭义的企业伦理范围是指企业内部，即企业和企业员工的伦理关系；广义的伦理对象涉及企业和参与商业运作的各利益方，指企业和广义的利益方在从事经营活动中的行为规范（陈炳富和周祖城，2000）。莫申江和王重鸣（2009）将企业伦理定义为企业和利益相关者之间在如何更好地将行为与伦理道德规范相匹配的过程中形成的一套标准和规则体系。

总体来说，企业伦理就是用良好道德的伦理标准去指导、引导企业的各种行为，在这一基础上，还可以进一步概括和扩展企业伦理的概念和内涵。企业伦理是指在处理企业与利益相关者之间的商业活动关系时，善恶的价值取向及其遵循的行为准则。企业伦理要求管理者在整个经营过程中主动考虑并遵守社会公认的伦理道德规范，使其经营理念、发展战略、管理体系、组织功能和其他管理活动符合社会期待的道德规范，处理企业和股东、员工、供应商、采购商、竞争对手、政府、生态环境和社会等利益相关者之间的关系，积极探索伦理实现机制，提供更高质量的产品或服务，促进经济增长，提高社会效益。

1.3.3 企业伦理建设的战略意义

中国正进入由单一的经济转型向社会全面转型的重要历史时期，社会经济格局与秩序正进行重大调整，我们的企业也面临新的困局。也许各种企业会因自身的历史、定位、功能等差异而寻找不同的出路，但企业文化建设尤其是企业道德建设将成为解局的共同选择。当今，不论是家庭生活，还是工作、事业都需要遵守并笃伦理纲常。尤其在当代的企业管理中，更需要继承和弘扬传统伦常思想中的精华，培育新儒商精神，切实加强企业文化建设。

企业之所以要讲道德，主要有两个方面的原因：一是作为社会非常重要的组成部分，企业不仅是产品和服务的提供者，财富和价值的创造者，也是社会责任的重要承担者和履行者，一个重要的前提和核心要义就是必须要有基本的道德操守和道德遵循；二是和我们每个人一样，任何一个企业只要存在，就时时刻刻在和社会、自然、客户、员工、竞争者、合作者发生着各种各样的复杂关系，就自然回避不了道德和伦理的问题。不仅如此，对一个企业来讲，如果其有着良好的道德意识、道德追求和道德实践的话，是能够很好地提升其员工认同感、社会认同感和美誉度的，是能够很好地促进和推动其发展的。所以，我们认为，道德力也是企业的核心竞争力。

企业伦理不仅是理念的体现，而且对企业发展具有重要的战略意义，企业发展与伦理建设有着深层次的依赖关系。总体来说，可以归为三点。①企业伦理建设是企业成长和发展的客观需要。企业传统盈利的观念常常会驱使利益主体发生突破伦理约束的非规范行为，造成严重的社会后果。加强伦理建设，以约束和协调企业单纯盈利的行为，保证企业稳健运行。②伦理通过其特殊机理对企业运行产生深刻的影响。企业伦理通过对人的理念施加影响，导致人的思维方式和行为选择发生改变，进而影响企业战略目标。伦理通过指导人们思想和行为的功能，影响着人们的经济思维方式；企业加强伦理建设可以塑造优秀的企业文化，提升员工的主观能动性，管理战略性人力资源，有利于创新技术，更好地适应外部环境，抓住战略机遇。③企业的伦理水平建设要和企业的特点、发展情况相匹配。企业的发展与道德水平保持同步，有利于企业健康、快速发展，同时企业的伦理也能提升企业的竞争优势；反之，企业高速发展而伦理建设滞后，伦理约束的缺失为企业埋下潜在的巨大隐患，一旦爆发后果不堪设想。

企业不但要讲伦理道德，而且更要践行伦理道德，应该成为社会公益和慈善的主体，成为社会伦理道德建设的主体，实践社会主义伦理道德的示范主体，而不是成为被社会指责、批评甚至谩骂的主要对象。本书认为，伦理建设的关键在于企业的核心管理者，因为一个企业的伦理意识和道德追求，主要与其管理层特别是主要负责人的伦理意识、道德追求及长期形成的企业文化相关，尽管伦理道德涉及的是绝大多数人，但起到核心影响作用的却是关键的少数人。

1.4 本章小结

伦理是天地之道，也是为人之道；伦理是企业之道，也是社会之道。伦理是企业生存发展的沃土，企业的兴衰与伦理息息相关。有了伦理纲常，企业的生命就有了保障。如果企业都不讲伦理道德，不遵循市场运行规则，就会陷入互害模式，最终害人害己。如果企业之间都讲伦理道德，都遵循市场运行规则，就会进入互利模式，最终利人利己。本章首先阐释了企业伦理的内涵与实质，从不同的理论视角归纳、梳理了有关企业伦理的研究文献，探讨了企业在发展中的伦理问题，并对其原因进行了剖析，在此基础上探究了企业伦理建设与企业种群共生之关系，解释了企业伦理的战略意义。

第2章

西方的伦理思想与原则

西方的伦理道德的研究者，通常把研究的重点放在道德的起源和存在的必要性上，对道德的相关属性，如规范性、评价模式、修养路径等做了很多深入的探讨，提出了诸多观点与看法。功利论、道义论、社会契约论是最具代表性的流派。学习这些理论，要学出兴趣来，读出快乐来，悟出公心与天理来。

2.1 功利论

功利论作为一种道德理论，通俗地讲就是主张人的行为道德与否，以行为的结果为尺度。凡行为结果给行为者及其相关的人带来好处，或带来利大于弊的行为，就是道德的，否则就是不道德。功利主义的核心是一切衡量标准是大多数人的利益，在这个前提下，权利和义务都是位于从属地位，行为的正当性由最大利益的标准决定。功利主义的这种标准被称之谋利之学，哪怕牺牲的是道德和人。

2.1.1 功利论的代表人物

功利主义的理论前身是以普罗泰格拉为代表的智者学派，还有以伊壁鸠鲁、亚里斯提卜、德谟克利特等为主要的代表人物的感性主义理论学派。进而衍生发展出唯物主义者洛克、霍布士；法国的爱尔维修、霍尔巴赫、德国的费尔巴哈这一派经验论哲学家的伦理学思想，几乎都是快乐主义、幸福主义，或者理性利己主义、功利主义。

资产阶级阶段的功利主义的代表人物有洛克、培根等，他们认为人都是利己的，趋利避害的，所以道德的建立要与人的私利基础相结合，道德的内容要符合人的本性标准。法国唯物主义者爱尔维修从社会关系的角度，深入探讨了个人利益和公众利益的关系问题。他认为，人与人之间的利益冲突根本上不是人性决定的，而是由于并不合理的政治体制和教育制度造成的，这里出现了错误匹配的问题，结果就是个人利益和公众利益发生冲突；在其构建的“合理、高效”的社会中，个人利益与公众利益是趋于一致的，追求公众利益就是追求个人理论，公众对这个观念有高度的共识。功利主义伦理学的代表杰里米·边沁[①]，在其著作《道德与立法原理引论》中谈道：“自然把人类置于两个之上的主人——苦与乐的统治之下。”边沁认为，人的行为的背后都是人的本性的现实反映，人的道德行为也是人性的具体表现形式，所有的行为都是受人性规律支配的。而人性都是趋乐避苦，这是所有人的根本逻辑，也是人的道德行为的真正动机。发展这一学说的是约翰·穆勒，其对杰里米·边沁的学说进行了全面的继承，并成立“功利主义学会”，并且是最早使用“功利主义”一词的人。美国哲学家弗兰克纳对这一理论下了一个较为清晰的定义。他说：“功利原则十分严格地指出，我们做一件事情所寻求的，总的说来，就是善（或利）超过恶（或害）的可能最大余额（或者恶超过善的最小差额）。”他强调，“这里的‘善’与‘恶’，是指非道德意义上的善与恶。”

2.1.2 功利论的思想与原则

功利主义有两名最重要的代表人物：杰里米·边沁和詹姆斯·密尔

① 杰里米·边沁（Jeremy Bentham，1748 年 2 月 15 日—1832 年 6 月 6 日）是英国著名的法理学家、功利主义哲学家、经济学家和社会改革者。其代表作为《道德与立法原理导论》。

（1806—1873）。这两个人代表了功利主义理论的两个核心，一个是“功利最大化原则”，另一个则是“享乐主义”。功利论是西方市场经济最重要的理论之一。功利论也称为目的论（Teleology）。它是指通过行为的后果，来判断行为是否符合道德要求。能够给大多数人带来最大利益的行为被称为是道德的；反之，便是不道德的。功利论强调决策后果，重视组织权益。

杰里米·边沁的功利主义思想开端是简洁的，他在《道德与立法原理导论》中对功利主义有明确的界定：“功利原理是这样一种原理：它按照看来势必增加或减少利益相关者的幸福的趋向，也就是说，促进或反对幸福，来决定赞同还是反对每一个行动。我是说每一种行动，因此不仅指个人的每一行为，也指政府的每一项举措。”这就是功利主义的最基本原则。杰里米·边沁认为，任何法律的功利，都应由其促进相关者的愉快、善与幸福的程度来衡量的。这包括两个方面的基本原理：一是功利原理和最大幸福原理；二是自利选择原理。

2.1.3 功利论的缺陷

功利主义的理论在逻辑上很合理，但在现实中也遇到了很多问题。首先，快乐和幸福的衡量标准并不固定，同样一件事情对一个人可能是快乐的，对另一个人可能是不快乐的，同时人会趋向于获得更大的快乐的东西。现实中有一些人过着很不快乐的生活，但他们是自愿的，并能从这种清苦的生活中找到快乐。其次，功利主义会导致个人主义与集体主义之间的冲突，过分强调利己主义，会让人忽视自己作为集体中的一员，有责任和义务维护公共的利益。最后，功利主义的最大幸福原则，对整个社会而言，是大多数人的幸福的总和，如何把大多数人的利益和个人的利益结合在一起，在行为上统一个人的利益和大多数人的利益，这是一个难题。

2.2 道义论

道义论（Deontology），也可称为“义务论”，是定义以责任和义务为核心依据的道德范畴的哲学理论。义务论通常认为，判断一个行为是否符合道德规范，并不是由行为本身决定的，而是由行为本身所折射出的内在特性决定的。道义论更看重在行为过程中个人的行事原则和权益，以及行为决策的依据是什么。道义论坚持认为人的行为评判应该脱离善和恶，应该依据规定好的正当性，道德行为的评价标准在现有的道德之内。

2.2.1 道义论的代表人物

道义论首次由苏格拉底提出的，他主张“美德即知识”，试图在合理的基础上提供普遍的道德。柏拉图设计并展望着心目中理想国度的蓝图，提出在“理想国”中才能真正实现正义。在柏拉图的思想中，国家的建立是为求实现公道正义。

康德被认为是继苏格拉底柏拉图后，西方最具影响力的思想家之一。

康德主义认为，伦理学要从普遍存在道德律出发，而这种纯粹理性的道德教育法则，作为一种适用于一切人的绝对控制命令，人们在生活中必须无条件地遵守，即在绝对意志的指导下，尽其义务而照章行事。判断善恶的标准，就与外部环境和人的利益关系无关，取决于道德发展法则。善就是要符合国际道义，而不是我们关心的功利。

2.2.2 道义论的思想与原则

1. 康德的传统道义论

康德在传统道义论的圈层里是领袖级的代表。他对“实践理性”的理论进行了大量的批判，他在反对目的论的过程中，逐渐形成了自己的理论体系，进而构建了一个抽象的道德理论体系。

道义论的传统流程就是定义正当性，康德也不例外地首先清楚地表述正当的内容。在康德看来，正当独立于且优先于善，善由道德法则所派生，善恶与人的行为问题本身具有相关性，凡是行为方式符合社会道德法则的就是善，反之则为恶，而与行为的结果无关。康德认为，一个人的行为及是否能够符合职业道德建设规范，并不取决于经济行为的后果，而是采取该行为的背后动机。因此，不能以行为管理的效果分析作为判断善恶的标准，判断善恶的标准主要在于早已规定好的道德法则。

康德的出发点是善意的，这是康德的道德哲学的核心范畴。良好的（意志）就是“履行其义务，为尽义务而尽义务”，这是从人的理性

是对良好的责任，是自由意志，是所有良好的完善。康德认为，

是普遍的，必然的，无条件的，对每个人都适用，是所谓的

实上，康德的绝对命令是道德原则，其中包括三个原则。

律原则。即一个人的行为，必须严格遵循众所公认的

康德认为，人不应该像物一样被用作工具或手段，

而

第三，意志自律管理原则。作为一种意志自由的直接影响表现，意志自律能力就是社会道德建设自由、意志自由。

总体而言，作为康德思想道德教育哲学社会核心技术范畴的善良的意志、绝对控制命令、意志自由，它们相互之间是相通的，正是在善良的意志和意志自由的前提下，康德将道德法则与意志自律统摄于实践活动中，在理性的“绝对命令”之下，构建了他的为道德而道德的纯粹的义务论伦理管理体系。

2. 罗尔斯的正义论

康德之后，他的追随者继承了他的道德哲学的基本概念。美国当代著名学者约翰·博德利·罗尔斯（Bordley，1921—2002）堪称是最有影响力的。罗尔斯是美国著名的政治家、哲学家、伦理学家、哈佛大学教

授，是西方新自然法学派的主要代表之一，也是20世纪最伟大的哲学家之一。罗尔斯的义务论维护了康德的学术道德，与当代的社会发展相结合，精心构建正义理论的道德“正义”核心范畴和社会制度的首要价值，使之更具体，更具操作性。

在方法论上，罗尔斯的正义论所采用的既非纯粹先验的方法，亦非传统的经验研究方法，而是糅合了经验与理性的思想教育实验教学方法。他通过创建虚拟的制度，设想人们在自然状态下，在不知道自己的利益和偏好的“无知之幕”之下，会签订何种契约，为社会订立怎样的正义原则，再通过自己所谓的“反思的平衡”对之进行反复使用和比较进行修正，最终得出科学、合理的具有非常普遍存在意义的正义原则。

“原初状态”（原来的位置）是罗尔斯的正义理论的逻辑起点。在罗尔斯看来，发动正义的原则，实现“作为公平的正义”，一些“原初状态”必须符合以下初始条件：①缺乏适当的资源，正是由于资源的稀缺性，才使得不同的利益相关者合作成为可能的和必要的；②理性的自利是适度的；③适度的知识限制，即无知之幕，无知、偏见；④要求公正的原则，必须选择一般性、普遍性、开放性、有序性和最终性等（这些限制实际上排除自身利益的原则）。

正义原则主要适用于社会的基本知识结构，是一套可以作为一个更加公正的社会主义基本信息结构的道德教育原则，是罗尔斯正义论的理论硬核。在罗尔斯看来，在基本政治权利面前人人平等。罗尔斯认识到，在财富和收入的分配情况及政府权力和责任的利用技术方面，由于个体行为之间存在方方面面的差异，不平等是不可避免的，追求绝对的平等对整个人类社会的所有人反而不利，因此，需要社会保险制度研究设计和安排人员允许对所有人有利的某些不平等现象的存在，但即便如此，仍有必要对这种文化不可避免的不平等提出以下一些时间限制条件。在财富和收入的分配方法及特色社会历史地位的设计和安排上，社会关系基本数据结构所能容许的这种不平等的限度，意在确保农村社会网络经济的不平等，能够以如下处理方式才能得以有效解决，即为社会实践中处于最不利地位的人们提供最大的利益，同时也要确保机会平等，尽可能地减缓这种不平等，缩小差别，以“有助于填平阶级人民之间的沟壑”。它包括两个子原则，即公平机会成本原则和差别原则，两者共同构成了对这个社会和经济的不平等的制约因素。

对于机会均等原则，罗尔斯给出了自由主义的解释：机会的公平、平等，这一原则是为了确保每个人都能平等地获得由社会提供的机会。机会均等的原则屏蔽各种偶然因素，使人们不必考虑各种复杂情况和个人的特殊情况，仅从一般的角度来看，以确定社会基本结构的安排。

所谓差别原则，即要求所有人都应该有公正的机会，并只允许那些最有利于最不利者的差别存在。罗尔斯认为，各种信息不平等也必须以生存环境状况最差者有所改善为限度。

在罗尔斯的正义原则体系中，他通过词典排序（词汇顺序）表达了正义的两个原则，并规定了两个“优先原则”，表明这两个原则具有优先的区别，从而阐明了两个正义原则的每个要素的重要性。第一个是自由的优先，它允许自由只为自己而受到限制。第二个是正义对效率和福利的优先考虑。罗尔斯根据两项正义原则提出了他对正义的一般看法：所有社会价值——自由、机会、收入、财富及自尊的基础都应平等分配，除非一种或所有这些价值的不平等分配符合每个人的利益。

2.2.3 道义论的缺陷

从康德的绝对命令到罗尔斯的正义原则，道义论崇尚道德的内在文化价值，强调道德对利益的优先性。然而，正是因为它所弘扬的这种思想道德教育的理想，漠视人的现实生活诉求，将道德的发展价值与功利主义的价值相对立。这不仅可以导致道义论所主张的道德风险价值体系难以得到实现，而且其道德建设原则也可能沦为空洞、枯燥的形式与信条。

形式主义在康德的道德哲学上是特别突出的。康德的道德哲学用理论探讨的纯形式，在理论建构过程中，所有的经验、意外的事情已经暂停，剩下的只有形式，只有具有普遍有效性的准则。

在《法哲学基本原理》中，黑格尔就指斥康德的道德教育哲学是一种可以驰骋于抽象数学概念教学之中的“空洞的形式社会主义”，未能注目当下、把握现实，只关注那“空洞虚玄的彼岸”，不过是作为一种比较空洞而抽象的形式设计原则。对此，马克思的研究也有同样的看法，在他看来，“康德只谈‘善良意志’，哪怕是这个善良意志毫无学习效果，他也心安理得”。叔本华更是直言康德的道德传统哲学“纯粹是没有文化内核的空壳”。

罗尔斯指出这种形式主义的缺点，还试图在经验的框架内重新诠释康德。其出发点是正义理论选择了社会世俗的基本结构，其理论基础是不再是遥远的海岸，而是秩序井然的社会现实。然而，由于罗尔斯的基本理论仍然来源于康德，他的正义理论仍是康德的道德理论，因此，不可避免地在一定程度上遗传了缺陷形式主义，并成为康德的理论的先验教义。

在罗尔斯的原初状态的道德教育主体中，这一问题缺陷表现得尤为明显。为了从“原初状态”可以推出一致的正义原则，同时能够避免形而上的超验概念的武断性和形而下的经验管理概念的偶然性，罗尔斯设计了一个介于超验与经验发展之间的中间状态——“原初状态”。然而，在罗尔斯原初状态中的人是一个没有其他任何构成性特质的空壳，他被剥除了自己所有的经验，因此丧失了学习的动机和思维创新能力，不具备理性分析和选择的能力。

康德的形而上的道德本身是一家之言，不具有普遍性，这使正义的所有原则的，证明缺乏坚实的基础。罗尔斯的理论也很难从形式主义和先验主义的泥沼中走出来。

此外，必须明确指出的是，作为一种思想道德教育哲学，道义论通过网络道德的绝对控制命令或正义理论原则就是强调正当优先于善，注重学习行为的动机，强调个人发展对他人与社会的义务和责任，强调应为道德而道德，在一定程度上高扬了道德的价值和人性的尊严，但也不能因此可以限制了个体对幸福及自身具有现实经济利益的追求，使德福分离。总之，不管是绝对命令，还是为了正义原则，在道义论的视野中，道义原则罔顾人的实际诉求，使人与现实需要分离。对于现在我们的现实生产和生活，道义论所提出的只是诸多的限制，却不能指引方向，由此也就导致其失去了传统道德的根基。

2.3 社会契约论

在法律问题还没有发展和产生之前，我们可以采用的是契约，当法律产生之后，各种规章制度也就越来越清晰了，人们的行为会受到国家法律法规制度的限制。也正因如此，社会才会变得更加井然有序。这正是社会心理契约存在的必要性。

2.3.1 社会契约论的代表人物

围绕着对契约的思考，我们可以通过以下三个重要时期来理解近代西方国家社会心理契约论的发展和研究历程，这三个时期的社会经济契约论分别以保护自己的生命权、财产权和自由权为主要的契约内容，代表人物分别是英国的思想家霍布斯、洛克和法国的思想家卢梭，他们进行不同的社会契约理论分析，分别展示了悲观主义、现实资本主义和理想主义三种人生观倾向。

1. 社会契约理论

托马斯·霍布斯（1588—1679）是社会契约理论的创始人之一。在政治哲学领域，他表现出与自然科学精神不同的独创性。霍布斯的出发点是“自然人”，即一个完全服从自然法则的自然客体。霍布斯认为，在进入社会之前，人类生活在自然状态中，遵循自然法则。他总结了两条自然法则：一是用一切手段保护自己；二是最大限度地保护自己的利益，必要时放弃他人的权利。

霍布斯提出社会心理契约论的初衷是为绝对王权辩护。他规定的社会经济契约关系对于被统治者是极其苛刻的。霍布斯认为，国家具有一定绝对的权力和至高无上的权威。国家元首的权力是不可分割、不可剥夺的。但是，霍布斯也承认，只有在一种特殊情况下，即当国家元首不能有效保护管理契约人的生命时，才能替换他。如此一来，通过他的社会文化契约论就论证了专制政治制度的合理性。

社会契约理论首次从人性和理性的性质解释国家的起源和性质。后来，自由主义理论家洛克和卢梭抛弃了绝对王权，但内容包含在其中，把它改造成民主的理论基础。

2. 洛克的社会心理契约论

洛克（1632—1704）是西方的自由和民主的政治理论的创始人。他的政治理念和需求契合了社会的发展趋势，所以一旦出现，首先在他的国家实施，并广泛应用于其他国家。

洛克在政治教育思想研究领域的贡献，奠定了民主主义政治的理论知识基础，这个经济基础工作就是社会心理契约论。在他以前，霍布斯已经提出了类似的一些基本理论，但霍布斯的理论学习带有绝对王权的烙印，洛克除去这些文化烙印，把它改造成适应民主政治的理论。洛克不是根据不同政治生活需要而随意对霍氏学说进行修改，他在修改方面有着非常充分的理性分析根据。洛克指出，霍布斯的理论是不合逻辑的，因为一些自然环境状态对人的伤害是偶然的，但如果人类社会契约所建立的政府是专制的，那么对人的伤害则比自然环境大得多；人的理性何至于愚蠢到舍小害而取大害、避重利而趋轻利的地步呢？人的理性选择只能是得到更大的利益，而不是为了物质利益失去自由权；如果人的自然本性是互不信任，那么他们更不会相信统治者会保护他们的利益。按照理性的标准，洛克建立了一种更加有效合理、更有逻辑说服力的社会契约学说。

洛克认为，在人们可以享有的各项权利中，财产权是最为重要的一个。财产权起源于劳动，是物化劳动铭刻在自然物上的标志，谁改动了自然事物，就拥有了占有它的权力。霍布斯的自然发展状态里的人没有进行限制，两个人如果对同一事物采取实际行动，他们都会声称对这一客观事物拥有财产权，因而容易引发冲突。当冲突问题发生时，每个人都同时是原告和法官，又是实现自我裁决的执行人，这种经济状况会导致管理混乱，人们的财产权得不到有效保护，甚至对生命权也造成一定威胁。按照洛克对自然生活状态的解释，人类的自然本性不是自私和自保，而是世界和平与合作；冲突起源于人们享有自由和平等的自然选择权利，但却不能没有国家公共行政权力对财产权的判决。引起人们文化之间存在冲突的原因是轻微的、偶然的，但造成的后果却是非常严重的。订立社会契约是他们为避免出现这一现象的手段。为此目的而设计和订立社会心理契约要求提高人们开始放弃对财产权的判决和执行的权力，大家都把这一基本权利转让给代理人。这个城市公共服务代理人的主要学习任务是保护委托人的财产权，不让他们因对财产权的需求而引起市场混乱和不安全。洛克不赞同霍布斯所说的社会关系契约要求满足人们转让除了产品生命权以外的一切权力。他认为，除了对财产权的判决和执行能力以外的一切权利，包括生命权、财产权和自由权都是具有不可转让、不可剥夺的自然资源权利。

在社会心理契约论的基础上，洛克提出了“三权分立”的思想，目的主要是为了防止专制，保障人民的自由权。美国在独立战争中发表的《独立宣言》，法国在大革命中发表的《人权宣言》，都受到洛克政治教育思想的影响。如马克思和恩格斯所说的，法国大革命的“自由理论思想工作正是从英国输入法国的，洛克是这种自由表达思想的始祖。”

3. 卢梭的社会契约理论

卢梭（Jean-Jacques Rousseau，1712—1778），法国民族伟大的启蒙教育思想家、哲学家、教育家、文学家，是18世纪法国的思想理论先驱，启蒙运动最卓越的代表人物之一，主要著作有《论人类不平等的起源和基础》《社会契约论》《忏悔录》等。《论人类不平等的起源和基础》的主题是探讨不平等的现实,《社会契约论》则提出了自由和平等的理想。前者的终点是后者的起点：当专制被推翻之后，人们面临的问题是如何在社会中能够达到新的平等？如何才能摆脱这种不平等的桎梏？卢梭认为，可能有三种选择：一是回到自然状态；二是通过暴力进行革命，废除一切不平等的根源；三是用社会契约来保障社会地位的平等。第一条道路是不可行的，人们不可能再返归自然状态，私有制也不可能被废除。第二条道路也不可取，因为在暴力事件面前，既无义务，也无权利可言。卢梭说："既然任何人都没有一种自然的权威驾驭它的同类，既然暴力不能直接产生任何权利，那么剩下就只能用契约精神作为人间一切合法权利的基础。"卢梭提出了与霍布斯和洛克不同的社会契约论。他的观点新颖独特，具体如下。

社会契约不是在进入社会之前的自然状态下制定的，而是在社会中制定的。有两项契约：第一项契约涉及不平等，目的是建立国家权力，加深社会不平等；第二项契约涉及平等，目的是建立保障自由和平等的国家权力。只有第二个契约才是真正的社会契约，即社会所有成员在平等条件下的自由选择。

社会契约的核心是权利的转移。托马斯·霍布斯要求将除生命权以外的所有权利转移给代理人，洛克要求只有仲裁权才能转移给代理人，卢梭要求将所有权利转移给代理人。卢梭认为，这种转移对所有国家都是平等的。"一个人既然把自己交给所有人，也就不是交给任何一个人；而人们既然把支配自己的权利交了出来，也获得了同样的支配所有参加联合的人，那么，也就得到了与自己所失去的一切等价的东西，而又得到了更大的力量保持自己的所有物。”卢梭指出，每个人不是奉献给任何个人，而是从所有参加联合的人那里获得他赋予他们的同样的权利，既不失去自由的权利，而是获得更多的权利，即自由的权利不能被任何人剥夺。

“公意”是卢梭提出来的一个重要概念。所谓公意，即国家全体成员的意志，它体现了人民自由意志在国家政治中的最高地位，是不可转化，不可分割和不能代表的，是人民的整体意志，个人服从公意，既服从人民的主权，也服从自己的意志。“公意”又是一个辩证的概念，它达到了后来黑格尔所说的矛盾性质的统一。首先，它是抽象的，也是具体的，它的化身是保障人人平等的法律，以及使每个人都能享受他们的自由权的政体。其次，公意是一般的，也是个别的。它的个体形式是每个人的合法的权利，人人都既是自由的主体，又是他人自由的受体。最后，公意既是自由的，也是服从的。卢梭说：“只服从法律，才是自由的。”自由是不矛盾的服从，服从自己的利益是不自由的，服从公意是自由的。谁不服公意，就是不希望自由，法律可能会迫使他自由。

2.3.2 社会契约论的缺陷

1. 前提之无法证明

卢梭所提供的理论似乎是自给自足的。根据他的思想理论，我们可以得出与他类似的结论。但前提是我们必须相信或承认卢梭提出的前提是真实的，因为“从错误的前提得出任何结论，其有效性是值得怀疑的”。但这些假设是否足以说服我们，使我们相信他的假设是正确的呢？只要我们认真地想一想，我们会发现卢梭的前提的正确与否之论证存在很多困难。

第一，“人是生而自由、平等的”这一观点是无法直接证明的。卢梭借助原始经济社会之假设来证明人是生而自由和平等的。然而，我们对古人类的生活习性的了解，或者说对原始社会的了解，是有很大疑问的。在原始社会中，人与人之间是否自由且平等或者自由平等有多大限度，依然是值得怀疑的。

第二，所谓的绝望，这是相当困难的证明。你认为当一个民族在何种状态中才能算生存无望？显然，没有这样的现存的历史记录。

第三，人民在什么问题、什么时候、什么地点，以何种方式达成一个所谓的社会心理契约，也是无法证明的。当时人们的居住点是分散的，交通是不便利的，要形成一种全社会的公意，达成社会契约，是不太可能的。

2. 前人不能为后人立法

后代没有参加社会契约的发展和制订，他们不清楚现有的社会契约是自己的意愿，并承认该合同对自己来说是一种强制性的约束力。相反，他们的权利和义务都没有他们的同意。

在这里，社会心理契约论将不得不回答以下几个方面问题：

第一，人是否是生而自由、平等的？如果是，那么前人的契约自然资源无法约束后人，哪怕是为了提高他们的利益。因为后人享有和他们对等的选择自己生活的权利。如果不是，那么社会契约是如何有效达成的呢？

第二，如果人与人之间不是平等而自由的，那么，社会契约论的基础将不复存在。这时候，我们又不禁要问，在这样也是一种悖论的情况下，社会契约论的存在还有什么重要意义？卢梭并没有系统地解决这个问题，后来支持社会契约论的学者也同样未能给出令人满意的解答。

3. 强调公众将不利于人权保障

在卢梭的国家发展起源理论中，涉及人民生活权利和国家经济权力的先后顺序出现了问题。卢梭认为，人民的权利先于国家政府的权力而存在，国家权力的形成正是人民全部让渡其权利的结果。这实际上将人权置于消极的境地。法律中自由的含义是——法不禁止即是自由。而卢梭的这种管理理论研究恰恰相反，人们对自由的范围和界限由法律制度加以明确规定，而此外相关法律未加以规定的，由于工作缺乏法律上的授权，所以他们的必然要求也是法律所禁止的。就此而言，使人权的范围大大缩小，是极不利于人权保护的。

此外，卢梭在他的书中过分强调公共利益，忽视了个人的权益。因为卢梭深刻意识到当时各种社会弊端和压迫是私有制造成的，为了消除这种以个人为中心的制度，卢梭过分强调了公共福利的重要性。他也抹杀了人格存在的必要性和必然性，忽视了保护个体对整个社会的作用。

2.4 本章小结

学习和研究西方的伦理思想史，必须贯彻“古为今用、洋为中用”的原则。这也是研究西方伦理思想发展史的根本目的所在。这就要求我们必须紧密联系我国当前的社会主义精神文明建设的实际，仔细分辨西方伦理思想的精华和糟粕，理论联系实际，做到知己知彼，将其合理的部分为我所用，为我国的物质和精神文明的发展提供有力支持，为我国的企业伦理建设提供借鉴与参考。

第3章

企业社会责任

在市场经济条件下，企业作为具有独立法人财产权、自主经营和自负盈亏的经济实体，必然与内外利益相关者发生各种关系。处理这些关系，靠的是智慧、责任、义务与初心。企业要回归本质，回归良善，就要挖掘企业的初心，勇敢地担当和履行企业的社会责任，为利益相关者谋利益，为人民群众谋幸福。

3.1 企业社会责任理论产生的背景

现代意义上的企业社会责任是一个对西方主流企业理论和主要企业行为的挑战性的概念，它于20世纪上半叶在美国和其他西方资本主义国家产生，并在20世纪六七十年代后受到许多国家理论界和实践界的广泛关注和支持，从而发展成为当今经济学、管理学、法学和哲学伦理学中突出的一种具有实践指导意义的理论，并成为世界各国理论研究的一个热点问题。这绝不是一种孤立的、偶然的现象。相反，它植根于一定的社会生活条件，不仅与当时整个社会经济结构的变化和人们思想观念的变化有关，而且与当时一系列突出的社会问题和社会运动有关，这些主要因素是企业社会责任产生的背景。为了更好地把握企业社会责任的本质，我们需要对这一背景进行专门的探讨。

3.1.1 社会问题催生企业社会责任理论

企业的经济实力的增加和社会问题越来越多，是企业社会责任理论诞生的背景。从历史上看，西方资本主义工业革命后，企业一直在发展。特别是20世纪后，企业在规模上得到了空前的发展，其对社会的影响越来越大。具体表现为：企业规模的不断增长；企业经济实力对社会影响力不断提高；企业带来的社会问题越来越多。自工业革命以来，企业界创造了大量的物质财富，这是社会发展的强大推动力。与此同时，企业在追求利润的最大化，也是对公共利益的严重侵犯，而成为许多社会问题的制造者。首先，扩大了贫富之间的差距；其次，企业的利益直接或间接损害工人和消费者的利益；最后，为了追求利润的最大化，有些企业造成了环境污染，令资源枯竭，生态失衡。

3.1.2 社会经济结构的变化引发社会思想政治意识的变迁

企业社会责任的研究在20世纪初被提出，并在20世纪后期逐渐引起重视，究其原因，不仅是因为经济实力和社会问题，而是社会整体在早期工业化国家结构里已经发生更深刻的变化。20世纪后期，以美国为首的西方国家已经基本完成了工业化，产业进入成熟期。在社会经济结构方面，强调第三产业的快速发展，其在国民经济中的比重迅速提高，成为国民经济的主导。经济结构的这种变化，无疑具有重要的社会意义，这表明人们以效率为中心，以提高生活质量为中心。

上述变化反映到企业理论上，是人们对企业的性质及其管理职能的看法发生了重大改变。美国著名的社会学家丹尼尔·贝尔指出，企业以主营业务利润率为中心，这种价值理论体系至少有三个缺点：一是它在经济核算时只衡量经济商品，而对非经济物品如阳光、空气等对整个国家具有很大贡献的“自由财货”缺少市场经济核算；二是它只看重内部控制成本，而对作为一种经济活动溢出效应的外部环境成本或社会生产成本未给予考虑；三是只关心对个人消费的满足，其结果是导致公共服务商品和私人商品之间出现不平衡。

传统的企业理论认为，企业是一个简单的经济机构，企业管理的目的是实现利润的最大化。虽然极大地促进了早期工业化的发展，创造了巨大的物质财富，但在工业化的成熟阶段，仍然持有这一理论，显然与社会结构的变化相冲突。首先，在工业化的成熟阶段，随着第三产业的迅速崛起，人们追求更高的生活质量，这就要求企业考虑社会成本和生态问题。其次，在工业化的成熟期，各种专业群体开始取代传统的家庭、教会，成为人们寻求意义和价值的重要场所。企业要想在明天更好地生存下去，就必须关心今天的非企业问题，也就是要关注企业利润目标之外的社会责任问题。

3.1.3 蓬勃发展的企业社会责任运动

从 20 世纪后期开始，美国等西方发达国家爆发了一系列的和企业社会责任相关的运动。

第一，20 世纪初在企业界爆发了社会良心运动。20 世纪初，一边是积累了巨额财富的企业家，一边是没有生活资料来源和保障的困难群体。对这些有困难的社会成员提供帮助，在 20 世纪最初的 20 年显得极为重要。一些公司的领导人还建立了抚恤金项目，主动限制工时和提高员工的工资。他们还帮助自己所在社区建立公寓、学校和图书馆，向雇员乃至社会提供基本医疗和法律文化服务。社会良心运动及其坚持的慈善原则对企业形成社会责任具有非常重大的影响。

第二，消费者运动已经全面展开广泛的群众基础，它已成为 20 世纪企业社会责任运动的重要组成部分。消费者运动的蓬勃发展有力地推动了企业社会责任、全社会监督，促进了产品的安全性和服务水平，以及产品责任等法律法规，使企业要认真落实社会责任。

第三，以保护自然经济环境、维护生态系统平衡为宗旨的环境保护运动此起彼伏。企业在利润最大化的动机驱使下，肆意掠夺自然资源、污染环境，造成生态失衡，使自然生活环境每况愈下，引起了有识之士和民众的广泛关注。在保护自然环境的运动中，各种各样的民间或半民间的环保组织纷纷出现并得到不断发展，它们主要包括山峦俱乐部、纳德搜查队、环境保护基金、全国自然资源保护委员会、荒野协会、奥杜邦协会、全国野生动物联合会等。这些组织对日后美国自然资源和环境保护运动的持续开展及提高企业社会责任的形成起到了积极的推动作用。

第四，企业社会责任运动逐渐呈现国际化的趋势。21世纪初，随着全球经济一体化进程的加快，不断增长的企业社会责任运动已逐步发展成为一种不可阻挡的国际化趋势。

3.2 关于企业履行社会责任的争论

美国学者奥利弗·谢尔顿（1924年）在他的著作中对“企业社会责任”的概念进行了清晰的定义。这是迄今为止对“企业社会责任”内涵最早的界定。他认为，企业社会责任是指企业在创造利润、对股东承担法律责任的同时，还要承担一定的对员工、对社会的道德责任和慈善责任。

20世纪30年代，在美国法学界又产生了一个著名的多德与贝利论战，两位学者就“企业是否要承担社会责任”展开了大讨论。多德教授率先指出：公司对雇员、消费者和公众负有社会环境责任，尽管这些企业的社会责任未必见诸法律而成为公司的法定义务，但应当成为影响公司管理人恪守的职业道德。随后，贝利教授立即发表了异议：商业公司存在的唯一目的主要就是为股东盈利，公司管理人对股东有相当于受托人的责任，如果要求管理人对股东之外的其他人负责，那么，公司法规则就会被削弱乃至颠覆，在公司应该承担社会责任的名义下，各种形式的利益不同体都会向公司提出一种财产安全要求，公司的财产权就会被动摇，结果将导致出现社会财富再分配的问题。

1953 年，被称为“企业社会责任之父”的鲍文（Bowen）发表了《商人的社会责任》一书，将企业社会责任界定为“企业应该按照目标和社会价值，做出相应的决策，采取相关行动”。

伊尔斯（Eells，1961）进一步发展了企业社会责任的观念，他认为：当人们谈论有关企业社会责任时，他们正考虑的是企业给社会带来的负面影响，以及在处理企业与社会的关系应当遵循的伦理准则。

戴维斯（1975 年）在《经济与社会：环境与责任》一书中明确地定义了社会责任。他认为，企业社会责任是指企业决策者有责任采取行动保护和促进社会的福利，尽可能避免企业对社会产生负面效应。

当然，这期间也不乏众多反对“企业社会责任”学者的论调与声音。施密斯（Smith，1962）也认为“企业对社会责任”一词含义模糊；单凭此点它已失去了存在的意义。在他看来，“企业社会责任只不过是一种宣传政策的工具而已。这一词语从未对企业的行为规范标准做出过描述，是一些公司、政府和消费者团体活动之间相互斗争的工具”。

哈耶克（Friedrich A. Hayek，1960）基于自由秩序的理念，反对企业承担社会责任。他认为，企业的社会责任在本质上与自由相悖。因为企业参与社会活动，将强化政府干预的力度，企业履行社会责任的结果，将使企业不得不受制于政府权威而损害自己的自由。他还认为，企业的唯一目的是赚取长期利润，若将资金作为追求长期利润之外的用途，就可能赋予企业危险的权力。弗里德曼（Milton Friedman，1962）认为，企业要依照所有者或股东的期望管理公司事务，在遵守法律和道德规范的前提下创造尽可能多的利润。

可见，“企业社会责任”是一个非常复杂的概念，引起了专家和学者广泛的争论和讨论。

1979 年，著名学者阿奇·B. 卡罗尔提出了一个全面的定义，这似乎总结了现阶段关于企业社会责任概念的争论。他把这个概念定义为，社会对一个组织在一定时期内，在经济、法律、道德和慈善方面的期望的总和。

3.3 企业社会责任

3.3.1 企业社会责任的内涵

通过比较企业社会责任的定义，我们发现：很多企业社会责任的倡导者提出了许多合理的思想，丰富和拓展了企业社会责任的内涵，但他们并没有对概念的定义等达成共识。究其原因，除了逻辑错误和分析方法出现的问题外，一个根本的原因是，这些学者们没有深刻理解和准确地掌握企业基础的社会责任，未能从社会责任原有的旨趣出发，因而不能正确揭示企业社会责任的内涵和本质。

鉴于此，我们可以认为，探讨企业社会责任时，必须充分理解企业社会责任产生的时代背景，立足于企业对社会责任理论体系构建的基点，来把握企业社会责任的应有之义。所谓企业社会责任，就是指企业在追求自身的盈利目标之外对社会提供公共安全和利益的维护与增进之责。具体分析可以发现，这个基本概念有如下三个不同方面的含义：首先，作为盈利目标之外的责任，其与企业的法律责任区别开来，并与其他企业内部的经济建设责任相对应；其次，作为对社会公共利益的维护与增进之责，责任的相对方是非股东的利益相关者，他们是指在股东（企业所有者、投资者）以外，受企业经营决策与行为直接和间接影响的任何个人、团体乃至整个社会系统。最后，维护与增进社会的公共利益表明，企业在最低限度上要维护和保障社会公共利益，防止和避免损害社会公共利益，在此基础上，还要主动增进社会的公共福利，积极解决社会存在的问题。

因此，企业社会责任实际上是两个道德原则：不伤害和利他主义。按照不伤害原则，企业不应该损害自己的利益，以工人、消费者和其他利益相关者为主，为了自己的利益不应该污染环境，破坏生态平衡；按照利他原则，企业不仅要关注自身的义务，在一定程度上，还应超越自我的利益，积极参与社会事务，关注社会的全面发展，关爱他人，奉献社会。

3.3.2 企业社会责任的特点

通过对企业社会责任的进一步分析，我们将其特点概括如下。

（1）企业社会责任是两种责任的统一，即法律责任和道德责任。法律责任是指以法律条文的方式明确相关规定的组织或个人必须承担的义务和责任。对企业管理者来说，社会在允许企业运行的同时，也相应地制订了一些基本的规则——法律，希望企业在法律的框架内开展活动，维持正常的市场经济秩序，并以国家的强制力作为重要保证。一般而言，法律所代表和体现的多是社会公共利益，并且是对社会实践具有非常重大影响的方面，企业需要遵守法律的规定，承担法律规定的义务，履行企业的社会责任。法律责任只是企业责任的最低限度，是企业社会责任的一个方面，它涵盖不了社会对中小企业的所有期望。

由于这些原因，道德责任已经成为企业社会责任的一个非常重要的方面。所谓企业道德责任是指企业在生产经营活动中自觉履行伦理准则和道德规范。与法律责任相比，它有以下几个方面的显著特点：①它只有在特定的社会，通过人的言行和道德评价表示道德意识的存在，没有明确的法律规定。②企业自愿履行道德责任，国家不以强制力作保障，但通过教育、建议、鼓励、舆论和其他非强制性手段，以确保企业能兑现承诺。③它没有明确的界限，范围较广，随着社会环境的变化而有不同的要求。正是因为道德责任具有上述特征而不具备法律责任，因此，道德责任和法律责任共同构成了企业社会责任的两个不同的方面，企业社会责任是二者的统一。

（2）企业社会责任是消极责任与积极责任的统一。从责任的性质方面来看，企业社会责任可分为两个重要的方面：消极责任和积极责任。消极责任是一种可以追溯性的责任，或者说是行为者为其行为需要承担法律后果的责任，以追究行为过失为表现不同形式。它专注于过去发生过的事情，是一种消极性的责任追究。积极的社会责任是一种预防性的责任，或前瞻性的责任，或关护性的责任，它以未来的行为为导向，给我们未来要做的事情做一种关护性的、积极性的行为理论指导，代表着一种事先责任。从宏观的角度说，它所关注的不仅是一个企业提高自身的角色义务（如为社会问题提供合格的产品），在一定程度上，它超越了自我的利益，超出了自身的角色范围，更多的关注的是对员工福利的维护之责、对人类文明生活的持续、健康产业发展的促进之责。总之，企业社会责任的两个方面意味着企业不仅要为其行为所造成的后果承担法律责任，而且要以一种更加积极的方式履行职责、服务社会。

（3）企业发展作为现代经济社会的重要影响组织，是人类文化活动的基本团体，它同样需要具备了责任主体所应当具备的所有基本结构特征。因此，在企业进行社会责任中，企业是以其团体性、整体性作为自己承担责任的主体，而不是企业家或企业的所有者担当主体。

企业社会责任的客体是除了所有者以外的利益相关者，区别于以盈利为目的的企业经济责任的客体——股东（企业所有者、投资者）。非股东的利益相关者包括企业的劳动者、企业产品的消费者、企业生产原料的提供者、社区、环境乃至社会整体等一切企业现实的或潜在的影响的承受者。他们与企业存在着或多或少的利害关系，都为企业奉献或牺牲过自己的利益，所以，企业对他们的利益负有维护和保障之责，又因为这些利益相关者具有广泛的社会性，所以，企业对他们的责任即为企业的社会责任。

综上所述，我们认为企业社会责任是指企业在生产经营活动中创造合理的利润，在对企业所有人和企业员工承担法律责任的同时，还要承担对消费者、供应商、社区和环境的责任，企业的社会责任促使企业超越把利润作为唯一目标的传统理念，强调对人的价值的考量，重视对自然环境、消费者和社会的贡献。

3.4 企业社会责任的主要内容

本节将对企业社会责任的概念所涵盖与涉及的具体研究内容和范围再作深入的探讨，以进一步揭示企业社会责任的内涵。尽管人们对企业社会责任的内容和范围还是存在一些不同的意见，但在主要的内容上还是比较一致的，主要问题包括以下几个方面。

3.4.1 企业对消费者的责任

企业为消费者提供质优、价廉、安全、舒适和耐用的商品来满足消费者的需求，这其中涉及两个最核心的问题：产品（服务）的质量和安全。产品质量成为影响企业和消费者关系的核心问题，也是企业承担的社会责任的主要方面。从技术角度来看，一个产品的质量可能是标准问题。然而，从企业和社会关系的角度来看，产品质量绝不仅仅是技术标准的问题，而是承担企业的社会责任问题。而产品的质量是与产品的安全性密切相关的问题。显然，企业会确保他们的产品不会伤害到消费者，消费者在享受他们的服务。特别是，公司到底对消费者应该承担什么责任？通过总结，我们发现，企业对消费者的社会责任主要表现在以下两个重要方面：①企业对消费者的最基本责任——向消费者提供一个安全、稳定、可靠的产品（服务）。②企业对消费者的第二个必要责任——向消费者提供更加准确、清晰的产品信息，这是对消费者的知情权和自由选择权的尊重与维护。

3.4.2 维护劳动者的权益

在传统的企业管理理论中，劳动者只是企业的雇员，而非企业的成员。近年来，随着企业管理理论的发展，新企业会计理论分析认为雇员不仅向企业提供了人力资本，成为企业的合作伙伴，同时，他们又是一种基本的社会实践成员，所以，他们不仅拥有从企业获得科学、合理的劳动报酬的权利，而且还拥有自由平等权和作为人的其他权利。鉴于企业与劳动者的特殊关系，企业有义务帮助劳动者实现培养他们的基本权利。企业对劳动者上述权利的维护，就构成了现代企业对劳动者应该承担的主要社会责任。依据上述劳动者的权利，结合企业的现实行为，企业对劳动者的社会责任主要体现在以下几个方面：①保障劳动者获取合理合法的劳动报酬，这是企业对劳动者承担的最基本的社会道德责任。②为劳动者提供安全、健康的工作环境，这是对劳动者生命与健康权利的保障与维护。③为劳动者提供平等的就业机会、升迁机会、接受教育机会，这是企业对劳动者作为人之个体所具有的自由、平等权利的尊重与维护。

3.4.3 对环境的保护和合理利用

自然环境不仅为人类生产、生活提供资源，也影响着人类的健康发展。如果企业不愿承担对环境的保护之责而肆意地污染环境，那就意味着是对公共资源的损害。具体地说，企业在生产经营实践活动中应该从以下几个方面承担对自然环境的责任：①合理、有效地利用自然资源。②控制污染，保护生态环境。③着力发展“清洁生产”工艺。④积极参与社会性的环保公益活动。

3.4.4 参与公共服务和促进公共福利

企业对社会福利和公共福利的责任主要是指企业主动向社会捐赠物

品及现金，帮助弱势群体，建设公共基础设施，兴办学校、医院、养老院，设置奖学金和慈善基金。这不仅是企业的社会表现，更是对公众期待的回应。需要强调的是，企业不仅要将其视为自己的慈善事业，更要视为企业社会责任的一个重要方面。企业的捐赠行为是企业作为社会公民积极服务社会、回报社会、融入社会的突出表现。任何一个社会公民不仅要承担基于契约的角色义务，而且要具有社会道德。只有这样，我们才能共同努力，推动人类社会走向更加美好的未来。当然，我们欣赏企业没有任何功利目的的捐赠行为，但我们并不反对企业捐赠的商业动机。如果企业能够将公益捐赠与自身的发展完美结合起来，营造积极的企业文化，形成良性互动机制，就能实现企业与社会的双赢。这种互利共赢的捐赠模式是其他利益与自身利益的有机结合，具有较强的稳定性。因此，它被认为是一种可持续发展的企业捐赠模式，正在成为企业捐赠的主导类型。它体现了企业经济目标与社会目标的统一，有助于实现企业经济责任与企业社会责任的统一。

3.5 企业社会责任的国际标准

3.5.1 SA8000 标准问题产生的背景和原因

SA8000（即社会责任管理体系 8000）的产生既有社会发展的原因，即随着社会和经济的发展，公众对劳工保护的关注，同时也是国际市场上竞争格局失衡的产物。随着时代的发展，世界政治和经济格局发生了巨大变化，导致发达国家在传统产品领域中逐渐被淘汰出局，新兴工业化国家慢慢成为发达国家的竞争对手。为了遏制发展中国家提高的手段和途径的竞争力，一些发达国家将寻求建立各种非关税贸易壁垒。在国际大宗商品市场，廉价劳动力密集的制造业国家把大量廉价的产品出口到发达国家，使发达国家的国内市场受到影响，正是在这样的背景下，美国和欧洲等发达国家向私人企业设置壁垒。1996年，Social Accountability 8000标准被制定出来，作为一项适用于各行业产品的标准，成为衡量企业社会责任表现的准则。

大多数研究学者认为SA8000具有某种服务贸易壁垒（服务贸易壁垒一般指一国政府对外国服务生产者或提供者的服务提供或销售所设置的有障碍作用的政策措施）的特性，有的人称之为“蓝色壁垒”。蓝色壁垒是指以劳动者的劳动环境和生存权利为借口采取一些贸易保护措施，是对劳动安全保障、劳动者待遇、劳工权利、劳动能力标准等方面相关规定的总称，它和政治权利相辅相成。随着贸易保护个人主义的“重新抬头”和贸易壁垒形式的不断翻新，作为一种旨在关注劳工身心健康和劳工权益的SA8000，它不仅能够迎合发达国家借口保护人权和环境，从而达到保护自己本国文化产业、抑制发展中国家的竞争优势的目的，而且也满足了公众和消费者更加关注可持续、快速发展的好奇心。因此，SA8000这种新的贸易壁垒形式的隐蔽性使其在推行的过程中出奇得顺利。SA8000作为一个认证制度体系明确了企业的社会责任，也提出了建立相应的管理理论体系的要求。其将社会责任和管理系统相结合，在一定程度上规范了企业的道德行为，有助于改善劳动条件，保障劳工的权益。

SA8000是全球首个道德规范国际标准，其宗旨是确保供应商所提供的产品均符合社会责任标准的要求。这也是世界通用标准，不管你在世界哪个国家，你都会受到这个标准的限制，但对于不同行业、地区和企业，这个标准也有不同，但基本上的总方针是相同的。

3.5.2 对SA8000标准的解释

SA8000与ISO9000质量管理体系及ISO14000环境管理体系发展一样，皆为一套可被第三方认证机构审核的国际技术标准。它主要研究和关注的是人，而不是产品和环境。SA8000只有一个统一认证机构SAI（Social Accountability International），即社会责任国际组织SA8000，认证方式一般需要 1 年的时间，证书有效期为 3 年，每 6 个月复查一次。

SA8000 对企业的要求包括以下内容。

（1）不得使用童工。

（2）不得对员工进行强迫性劳动，也不得要求员工在就业之前缴纳“保证金”。

（3）应尊重所有员工组成和参加所选工会并集体谈判的权利。

（4）反对歧视。

（5）不允许对员工进行物质惩罚、精神和肉体上的压制和言语辱骂。

（6）严格遵守当地法律要求工作时间。

（7）企业支付给员工的工资不应低于国家法律或行业的最低标准。

（8）为员工提供一个安全和健康的工作环境，采取足够的措施来减少风险因素，尽量防止事故的发生或对员工健康造成的损害，并提供保障所有员工的生活环境，包括干净的浴室、整洁的宿舍等。

（9）企业应制订一个对外公开的政策，承诺遵守相关的法律，经常进行管理总结。

SA8000 认证的作用包括以下内容。

（1）减少一些国外客户对供应商的第二方审核，节省成本。

（2）尽可能符合所在地区的法规。

（3）建立国际公信力。

（4）使产品对消费者的情绪产生积极的影响。

（5）使合作伙伴对该企业建立长期的信心。

3.6 我国企业社会责任的履行情况

3.6.1 我国企业在履行社会责任过程中存在的问题

我们的企业在履行社会责任过程中主要存在以下问题。

（1）很多企业在追求自己的利益时，忽略了社会环境责任的重要性。

（2）有些企业在生产过程中存在很多问题，缺乏对消费者负责的态度，缺乏对生态环境负责的态度。企业最终遵循的发展模式应该是可持续发展的循环模式。只有对消费者负责，企业才可以保证在市场上占有一席之地。

（3）有些企业缺乏人权意识和环保意识。有些企业主要通过牺牲生态资源来换取市场经济利益，缺少环境保护的意识。

（4）有些企业缺少自己的企业文化。企业文化对企业的发展有不可忽视的作用。它可以帮助企业很好地融入社会，与社会形成互动。而有些企业在社会上过于独立，没有真正融入社会，更别说参加城市建设、进行文化产业发展了。

3.6.2 企业不能很好地履行社会责任问题的分析

造成企业不能很好地履行社会责任的原因主要包括以下几个方面。

（1）企业管理者缺乏社会责任感。很多企业老板和管理者认为，依法经营、依法纳税就是承担责任，没有认识到企业与利益相关者及一些组织机构（如环保、慈善机构）的非契约关系，尽管这些关系不是与股东的契约关系，但企业也应该考虑自己的行为对非股东利益相关者的影响。

（2）政府管理部门难辞其咎。很多地方政府片面注重提高企业的利润和税收，并以此作为衡量当地市场经济不断发展和政绩的标准，对企业应承担的社会责任的监督力度不够，睁一只眼、闭一只眼，纵容企业的违法犯罪行为。

（3）有关法律、法规不健全。不完善的法律法规是企业社会责任无法实施的一个原因。有法不守，不查法，违法成本低也是一个原因。此外，企业员工还缺乏基本的法律知识，维权意识太差，维权成本太高。

（4）劳动力市场供求失衡。长期以来，我国劳动力严重过剩，支撑我国产业主体的劳动密集型企业对劳动力资源质量的要求相对较低，导致我国经济发展中出现了“强资本”和“弱劳动力”的现象。企业可以以低廉的价格和苛刻的条件招聘工人，工人难以提出自己的要求，更不用说保障了。这也是企业缺乏社会责任感的一个重要原因。

3.6.3 促进企业履行社会责任的措施

要切实推进我国的企业履行社会责任，应采取以下对策与措施。

（1）选取 SA8000 中的合理因素，制订国内标准，建立一个国际标准的环境。SA8000 标准是根据国际劳工组织公约、联合国儿童权益与人权宣言制定的，其宗旨是保护劳动者的基本权利。我们的目标是改善工作条件，以全球公认的社会责任管理体系，确保员工的合法权利得到尊重和重视。我们要认真研究 SA8000 中的合理成分，尤其是学会保护劳工的利益，积极探索建立企业社会责任的标准，尽快推出企业社会责任标准或技术规范，作为企业社会责任自我评价和第三方评价的依据，从而增强责任意识，与国际标准接轨，提高企业在国际市场上的竞争力。

（2）建立信息披露机制，通过社会舆论和道德压力促使企业履行社会责任。美国著名法官布兰狄西有一句名言：“阳光是最好的防腐剂，灯泡是最有效的警察。”企业使用公开机制，在某种程度上能够充分发挥最大的监督和制约功能。信息披露的主要内容是企业的财务风险状况。但是，随着人们对企业可持续发展的不断重视，财务分析指标体系已经不是衡量企业经营状况的唯一指标了。为了提高企业履行社会责任的自觉性与主动性，应该将社会信息公开机制引入一些企业的管理制度中。企业履行社会责任的情况及通过这些信息披露机制，向社会传达相关信息，如企业的债务情况、对员工权益的保护状况、商品质量及消费者投诉的状况、环境污染状况、社区公共关系状况等。这样的公开机制之所以能够强化企业的社会责任，就在于它能止恶扬善、驱邪扶正，唤醒企业的社会责任意识。通过各种信息披露机制，使那些自觉履行社会责任的企业得到赞扬和传颂，打响企业品牌及其商品的知名度，从而树立企业良好的社会形象，有利于企业进一步发展壮大。

良好的公司管理结构，良好的信息披露机制，对企业履行社会责任起着重要的作用。符合企业的长远利益的道德伦理规范，将使该企业在日常运营中赢得声誉和信任。企业只有真正感受到社会责任的好处，系统推进相关政策，才能逐渐提高社会责任的意识。

（3）责任到人，加大处罚力度。营利性是企业的本质特征，追求利润最大化始终是企业的目标。但是，如果企业不履行社会责任，而是片面追求自身利润最大化，必须不断加大对损害社会公共利益行为的处罚力度。

按常理来说，对于未履行相应法律义务的企业，必须追究其责任。然而，目前的制度设计往往是事故发生后，企业直接承担责任，企业被罚款，事故责任人往往没有受到相应的处罚。企业受到处罚，股东利益受到损害，而真正的行为人仍然逍遥法外，损害企业的利益，未能履行企业社会责任，仍然不受限制，这样就难以建立真正健康、持续的市场环境。因此，应加强对不履行企业社会责任的企业的法律限制，使真正损害企业和社会利益的人受到惩罚。

（4）从企业健全的治理结构入手，增强他们的社会责任感。公司治理，极大地扩大了所谓的“利益相关者”的定义范围，反映了“利益相关者”中股东的重要性，平衡各方利益。《上市公司治理准则》还明确上市公司的可持续发展，同时实现股东价值最大化，应关注所在社区的福利、环境保护、公益事业问题，注重企业的社会责任。但是，该规定仅仅是指导，没有具体的操作要求和保障机制，这将不可避免地流于形式要求。因此，我们需要通过健全法律法规，完善法人治理结构，使更多的利益相关者参与公司的治理，该公司的业务能真正反映社会的整体利益，维护市场经济的健康进行和发展。

由于公司的利益相关方有很多，一旦公司发生事故，损害的往往是一个群体。例如，如果企业污染环境，周围的社区都受到了影响；如果商品的质量不合格，消费者的利益则受到侵犯；如果生产条件不达标，工人的健康则得不到保障。因此，完善、合理的企业机制旨在保护利益相关者的利益，有助于降低诉讼成本，提高效率，从而更有效地保护社会整体利益，更有效地维护市场经济秩序。

3.7 本章小结

自由地创造精神财富和追求利润是企业的基本权力，但单纯地追逐利润和财富。市场经济有其重要的道德基础，那就是源于我们每个社会成员对自己一切行为后果负责的道德责任感，这可以作为一种稳定社会的价值理论基础。不管学者是赞同企业社会责任，还是反对企业社会责任，但对企业员工而言，必须在追求企业利润的同时承担起对社会的责任。因此，建立企业的社会责任，培育中国的市场伦理，是当代中国国内市场经济体系建设的一项基础性任务。只有这样，才能从根本上防止企业在追逐利润时出现的种种违反伦理道德与践踏法律底线的行为，才能使企业能够真正造福社会，使我国的市场经济沿着健康的轨道发展，使企业与利益相关者健康和谐持续、快速地发展。

第4章

企业利益相关者的管理

随着经济全球化与企业管理国际化的不断发展，企业履行社会责任已不再是企业的被动责任，而更多是企业寻求长期、可持续发展的主观意愿。企业不仅要关注自身的利益，还要关注其他企业的利益，不做害群之马，才能共生共赢，才能营造共同持续发展的大势。利益是大家的，是天下人乃至众生万物共有的。在茫茫宇宙中只有一个地球，人类并不是地球上唯一的生灵。企业家要深入体会习近平总书记倡导的“人类命运共同体”意识，才能善经营，造福人民，益在天下，世界大同。

4.1 利益相关者理论

利益相关者理论是20世纪60年代左右在西方发达国家逐步发展起来的，进入20世纪80年代以后其影响迅速扩大，开始影响美英等国，并促进了企业管理方式的转变。

利益相关者包括企业的股东、债权人、雇员、消费者、供应商等交易伙伴，也包括政府工作部门、本地居民、本地社区、媒体、环保组织等，甚至可以包括自然生态环境、人类后代等受到企业生产经营实践活动产生直接或间接影响的客体。这些利益相关者与企业的生存和发展密切相关，他们有的分担了企业的财务风险，有的为企业的经营业务付出了代价，有的对企业文化进行了有效监督和制约，企业的战略决策必须要考虑他们的利益或接受他们的约束。从这个意义上讲，企业的生存和发展需要依赖对各利益相关者利益要求的回应，而不仅仅取决于股东。这一管理思想从理论上阐述了企业员工绩效考核评价和管理的中心，为其绩效指标评价研究理论奠定了基础。

约翰霍普金斯大学教授安蒂思·潘罗斯在1959年出版的《企业成长理论》中提出，企业是一个管理组织，同时也是人力、物力资源的集合，企业内部的资源是企业成长的动力。

直到1963年，斯坦福大学研究所才明确地提出了利益相关者的定义："利益相关者是这样一些团体组织，没有其支持，我们就无法生存。"这个定义在今天看来是不全面的，它只考虑到利益相关者对企业单方面的因素影响，并且公司利益相关者的范围仅限于影响企业文化生存的一小部分。但是，它让人们开始认识到，除了股东以外，企业自身周围还存在许多其他的一些重要影响其生存的群体。随后，瑞安曼提出了一种比较系统、全面的定义："利益相关者依靠企业来实现其个人目标，而企业也依靠他们来维持生存。"这一定义使利益相关者理论成了一个独立的理论研究分支。

在接下来的30年，利益相关者的定义多达三十多个，很多学者从不同的角度定义了利益相关者。

其中美国学者爱德华·弗里曼的观点最有代表性，他认为，利益相关者是指"能影响组织行为、决策、政策、活动或目标的人或团体，或者是受组织行为、决策、政策、活动或目标影响的人或团体"。这个定义描述了利益相关者和企业组织之间的关系。从这个定义，你可以看到利益相关者的范围比较宽泛，如股东、债权人、职工、供应商和客户。

卡拉埃里克森认为，"在企业中的利益相关方已经投入了一些物质资本、人力资本、金融资本，或有价值的东西，因而带有某种形式的风险。或者说因为商业活动，他们承担风险"，以进一步加强协会和企业利益相关者的联系，强调具体的投资行为。根据这个定义，按企业的风险可以划分为不同类别的利益相关者，如社区、客户、供应商和生产者，也可以得出利益相关者的范畴，但按照上述定义，政府和媒体都没有在利益相关者的名单中。

国内的研究者也对利益相关者的概念给出了自己的定义，如陈宏辉对利益相关者的含义进行了分析和概括。他认为“利益相关者是指那些在企业管理中具有一定的专用性投资，并承担了一定社会风险的个体和群体，其能够影响该企业战略目标的实现，或者受到该企业为了实现目标的影响”。这一定义既强调专用性投资，又强调利益相关者与企业之间的利益或风险的关联性。

4.1.1 利益相关方分析

企业利益相关者包括股东、雇员、债权人、供应商、零售商、消费者、竞争对手、中央和地方政府、社会团体、媒体等。“仅将所有利益攸关方作为一个整体来考虑进行实证研究和应用，几乎不可能得出令人信服的结论。”你怎么给这些利益相关者分类？目前国际上比较常用的是多维细分方法和米切尔评分法。

1. 多维细分法

企业的生存和繁荣与其利益相关者是分不开的，但利益相关者可以从多个角度进行细分，不同类型的利益相关者对企业经营决策和企业活动的影响程度是不一样的。20 世纪 90 年代中期，国内外众多专家，学者用多维细分法从不同的角度来划分利益相关者。

爱德华·弗里曼认为，利益相关者由于所拥有的资源和所处的环境不同，对企业发展产生的影响也不同。他从三个方面对利益相关者进行了细分：①持有公司股票的人，如董事会成员、经理等，称为所有权利益相关者；②与公司有经济贸易往来的相关群体，如员工、债权人、消费者、供应商、竞争者等称为经济依赖型利益相关者；③与公司在社会利益上有关系的利益相关者，如政府行政机关、媒体平台及一些特殊的学生群体，称为社会公共利益相关者。

弗雷德里克从利益相关者对企业的影响，将其分为直接利益相关者和间接利益相关者。直接利益相关者，指与企业利益有直接关系，与企业经营有直接的市场交易关系的利益相关者。包括：股东、员工、债权人、供应商、零售商、消费者、供应商、竞争对手等；间接利益相关者，指与企业之间并非直接的市场关系的利益相关者，如中央政府、地方政府、外国政府、社会活动家团体、媒体、公众等。克汉姆按照相关群体是否存在与公司有合同关系，利益相关者分为：契约型利益相关者和公共型利益相关者两种类型。

惠勒基于两个不同角度：一是相关研究群体之间是否需要具备社会性发展群体与企业的关系管理是否可以直接由真实生活的人来建立，将利益相关者分为四类：①主要的社会性利益密切相关者，他们自己具备社会性和直接参与性两个重要特征；②次要的社会利益相关者，他们能够通过社会性的活动与企业文化形成一种间接关系，如政府、社会组织团体、竞争对手等；③主要的非社会利益相关者，他们对企业有直接的影响，但却不通过具体工作的人而与企业发生联系，如自然生态环境等；④次要的非社会利益相关者，他们不与其他企业有直接的联系，也不与具体情况的人发生直接联系，如环境设计压力集团、动物利益集团，等等。

2. 米切尔评分法

米切尔评分法由美国学者米切尔 1997 年提出，将利益相关者的定义和分类放在一起。首先是界定利益相关者，识别其特征，认为所有的企业利益相关者的利益，必须满足至少如下的三个特性之一：合法性、紧迫性和权利性。然后进行分类从根据自己的利益相关者三个方面进行综合评分，把企业利益相关者的利益分为三种类型：①确定型利益相关者，具有合法性、权威性和紧迫性三个特征。他们是主要关注企业和密切接触对象，包括：股东、员工和客户。②预期型利益相关者，他们通常具有三个属性中的两个特征。③潜在利益相关者型，他们具备三个属性之一。

米切尔评分法，可以用于进行判断和界定一个企业的利益相关者问题，是利益相关者理论研究发展的一大进步。国内一些学者也从利益关系相关者的其他属性对其进行了界定和划分。万建华（1998）、李心合（2001）从利益相关者的合作性与威胁性两个重要方面入手，将利益相关者分为技术支持型利益相关者、混合型利益相关者、不支持型利益相关者以及网络边缘型利益相关者。陈宏辉（2002）则从利益相关者的主动性、重要性和紧急性三个主要方面，将利益相关者分为核心员工利益相关者、蛰伏利益相关者和边缘利益相关者三种不同类型。

4.1.2 利益相关者管理的主要内容

（1）对员工负责。一般来说这属于企业的内部责任，但是考虑到员工的流动性以及员工的福利需要企业与政府合作，因此对员工负责，是企业的社会责任。

（2）对消费者负责。消费者是与企业进行市场交易的一方，从这点上看，股东需要负经济责任和法律责任。但是由于消费者广泛分布在社会的各个层次，因此即使消费者并没有购买企业的产品，企业也不应当以虚假广告欺骗，这点上看是企业的社会责任。

（3）对合作者和竞争者的责任。与合作者平等相待，互助互利，恪守信用。与竞争者，公平竞争，反对垄断和不正当竞争。

（4）对投资者负责。如果投资者是单一或者少数的，企业对于股东或投资者主要承担经济责任，但是随着股东的人数增多，以及股权的分散，企业要对投资者负责，履行社会责任。

（5）对所在社区的责任。企业应当密切关注与所在社区的关系，为所在社区提供劳动就业的机会，增加当地的财政资源，关心社区发展，积极参与社区公益活动，尊重社区文化，维护社区公共秩序，在力所能及的条件下支持社会公共设施建设，为增进社区公共福利做出贡献。

（6）企业对环境负责。环境是社会生存和发展不可或缺的条件，环境污染不仅增加了企业的生产成本，更是降低了人们生活质量，破坏了生态平衡，影响社会的可持续发展。因此企业应当履行环境责任，这是利益相关者管理的重要内容。

4.2 企业与员工间的伦理关系

企业通过提供产品或服务产生经营收入，并进行所得分配。这既具有经济性的功能，同时也具有社会性、政治性、文化性等功能。例如，企业与其内外利益相关者之间具有支配和从属的关系，即为政治性的功能；又能满足那些受到社会肯定的员工的需求，这是社会文化的功能体现。

企业对员工的责任，包括强制性的责任和自发性的责任。强制性的责任指在劳动合同或工会和企业的协议中关于企业必须对员工负有的义务强制性的责任，同时也体现在规定劳资关系的各种法规中。例如劳动法就规定了企业对员工的责任。企业在此强制责任外，也有自发性的伦理责任。例如，为员工的个人发展和职业生涯提供帮助和指导等。就责任的层次来说，有关员工利益的第一个责任，主要是经济性，例如，对就业岗位的提供、工资与劳动时间、福利、对退休、疾病、劳动伤害的保障，以及工作劳动环境、薪资、休假等均有责任。在现代经济社会中，多数员工的经济生活依存于特定企业的持续发展，所以维持就业的责任与增加工资的责任，是企业对员工应承担的主要责任。企业是大多数人的主要生活源泉，扩大就业已成为社会经济体制最为关注的问题。如果企业未能很好地处理与员工的关系，员工难以在企业中获得安全感、幸福感，那么，企业是有违伦理规范的。

根据企业与员工之间的关系，企业在实践中对员工的社会责任需要做到以下几点：

（1）为员工提供安全和健康的工作环境是企业的责任。员工为生活和自己职业生涯而为公司工作，但是，企业仍然要对员工的生命和健康负责。

（2）企业要为员工提供公平竞争的就业岗位、晋升机会、再教育的机会。

（3）企业为员工提供公平的就业机会，在职业选择上要反对各种形式的歧视。

（4）企业为员工提供民主参与管理运营的渠道，为员工提供自我管理、参与企业决策的机会。

（5）企业尊重员工参与管理企业的权利，重视员工的想法和要求，调动员工的精神面貌和工作积极性，有助于改善工作效率。

4.3 企业与顾客的伦理关系

企业与顾客的伦理关系最主要是服务伦理，服务的特质包括：无形性（intangibility）、不可分割性（inseparability）、异质性（heterogeneity）与易逝性（perishability）。顾客伦理的核心精神：满足顾客的需求。顾客是企业经营的主角，是企业生存和发展的重要价值。

谢顿（Seldon，1997）认为企业必须尽可能提供产品与服务，产品与服务必须以适当水平的质量，以最低价格供给，并考虑各种方法，能直接或间接促进共同体实现各种至高无上的目的。彼得·德鲁克（Peter Drucker，1999）强调对顾客至高无上的服务是不可避免的，并指出“企业目标的唯一的正确意义，就在于创造顾客”。顾客是企业发展的基础，企业是为满足顾客的需求而存在。只有顾客才能保证企业的生存。社会之所以将财富、资源委托于企业，就是为了充实顾客的生活。因此，企业经营者为履行其责任，必须重视与顾客之间的沟通，重视市场调查与产品开发，完善产品设计、提高产品质量和性能等都成为企业不可避免的责任。

企业对顾客的重要责任体现在维护顾客的利益上，企业对顾客最基本的责任是为顾客提供安全可靠的产品。知情权，顾客的消费需求有很大的不同，能够满足一定需求的商品或服务也是多种多样的，顾客往往是根据自己的需求、喜好、消费知识等，为自己做出最有利的选择。为了使客户做出最有利的选择，他们了解有关商品或服务的真实情况，因此需要有知情权。独立选择，客户有权独立选择商品或服务，即可以根据自己的需要和愿望选择商品或服务。

斯帮芬·杨（Monsieur Yang，2000）说："互惠互利是市场买卖双方达成交易的基本要求，显然，没有卖方就没有买方，反之亦然。有效率的市场创造了相关性，也就是人与人之间有道德的状态。"虽然这一断言有"伦理自然主义"之嫌，但他对市场道德关系的强调则是不错的。有市场道德关系，就有相应的道德规范，而且这种道德规范是市场上买方对卖方的期待。于是，也就有了企业对待顾客的道德规范。企业对待顾客的道德规范是一个内容丰富的价值规范体系，其内容是以诚信为基本要求，以坚持顾客导向、质量至上、产品和服务安全、广告真实、价格公平等为基本的道德规范。这些道德规范既是作为整体的企业，也是企业中的个体如管理者、员工等都应该遵守的。

4.4 企业与竞争者的伦理关系

4.4.1 竞争道德及其内容

竞争道德包含非常广泛丰富的内容，在我国社会主义市场经济条件下，竞争道德的主要内容和要求包括以下几个方面：

（1）遵章守法。这是参与市场竞争的各经济主体必须遵循的基本道德要求。在市场经济体制下，政府对各经济主体进入市场交易，制定一系列条例、规范章程和各种法律法规，这是维护正常的竞争秩序、促进市场经济顺利运作的有效保证。一切进入市场、参与市场竞争的经济主体，都必须自觉遵守这些条例、规章和法律，这是参与竞争的最起码的道德要求和自觉行动。

（2）诚实守信。诚实守信也是竞争道德的一个基本要求。它是指：在市场交易中，双方签订的经济合同，必须严格遵守，认真履行，不得随意中止；在生产经营中，不得冒用和侵犯其他产品的品牌、商标和包装；在宣传产品时，要实事求是，注意真实性、有效性，同时不得贬低同类产品，打击同类企业等。提倡和发扬这些诚实守信的竞争道德，能树立良好的企业形象，提高企业的知名度，增强消费者的信任度和安全感，从而取得良好的竞争效果。相反，如果靠弄虚作假、投机钻营等欺诈手段参与市场竞争，虽能获一时之利，但却违背了道义，会失去长期利益。

（3）货真价实。注重消费者利益，把货真价实的商品推向市场，这是各企业参与竞争必须遵守的道德规范。货真价实包含了两方面的内容：一是货真，就是在商品竞争市场上不能弄虚作假，或者粗制滥造，或以次充好、以劣充优，或掺杂使假、缺斤短两。企业要通过技术改造，挖掘内部潜力，加强各项管理措施，不断提高产品的质量，用优质产品去参与市场竞争，不断扩大优质产品的市场覆盖面。二是价实，就是在竞争中价格不能凭主观意志随意确定，而应由产品自身价值和市场供求关系来决定。企业应采用各种有效措施，降低消耗，降低产品生产成本，以价廉物美的产品去参与市场竞争，提高自身的竞争能力。大量事实表明，在激烈的市场竞争中，良好的销售服务，积极的广告宣传，固然能在很大程度上激发消费者的购买动机和欲望，但当实实在在的产品直接摆在消费者面前时，却来不得半点虚假。通过众多相同产品的相互比较，孰优孰劣，泾渭分明，所以真正具有生命力、经得起时间和消费者去检验的必定是货真价实的产品。

（4）热忱服务。商品经济是人们在社会分工的基础上，通过市场互相交换其劳动的经济。企业在商品交换过程中展开的竞争，理应把热忱服务作为竞争道德加以提倡和发扬，并使它贯穿于一切竞争活动中。要做到服务态度好、方式广、内容多、价格低、水平高。应该看到，当前参与市场竞争的许多企业热忱服务的道德观念比较淡薄，为消费者服务的总体水平还比较低，"顾客至上"的观念还没有为广大的市场竞争参与者所接受和认同，这些都在一定程度上降低了企业的竞争能力。

（5）互助互利。在市场交易中应提倡和发扬互助互利的竞争道德，既是对手，也是朋友。各经济主体参与竞争的最终目的同整个社会发展的目标都是为了创造更多的社会财富，使人民群众生活得更加美好，这就决定了各经济主体进入市场参与竞争，不能违背互助互利的竞争道德。总之，不承认我国各类企业为经济利益而存在竞争关系是不现实的，但更为根本的却是各类企业间在竞争中寻求合作，形成相互支持、相互配合与相互补充的关系。

4.4.2 正当竞争

符合市场经济中竞争游戏规则的竞争被称为正当竞争。正当竞争是指建立在公平、平等自愿基础上的良性竞争。这要求竞争者具有相同的权利义务和相同的法律地位，在公平的环境中，遵循公平的竞争规则和公认的商业道德和行为准则，以诚实守信的态度，凭自己的实力进行自由的竞争。

正当竞争的标准主要有两个：一是事实标准，即正当竞争必须是公平竞争和诚实竞争。公平不仅是指竞争各方的法律地位平等，而且也指竞争者所采取的竞争手段、竞争方法和通过竞争所追求的目标，应符合市场自然法则的基本要求；此外，公平还暗含有竞争者公平地接受“优胜劣汰”的竞争结果。诚实则是指在竞争中，竞争者必须恪守诚实守信的原则，不得采用不正当手段从事市场交易，损害竞争对手；不得以排挤竞争对手为目的，以低于成本的价格销售商品；亦不得利用广告和其他方法，对商品的质量、制作成分、性能、用途、生产者、有效期、产地等进行虚假宣传。二是在事实标准基础上形成的法律标准，即正当竞争必须是合法竞争，必须是符合国家法律法规的竞争行为。竞争的合法性成为认定正当竞争的一个可操作的标准，凡是符合竞争法律规定的就是正当竞争，反之，则属于不正当竞争。

《保护工业产权巴黎公约》规定：“在工商领域任何与诚实商业惯例相悖的竞争行为均构成不正当竞争行为。”德国《反不正当竞争法》规定：“凡违背善良风俗之竞争行为，是不正当竞争行为。”由于公平本为道德规范，因此，不公平竞争从本质上说，是一种违反社会公认商业道德的竞争。这种竞争的直接后果必然损害其他经营者和消费者的利益，必然会给社会经济秩序和经济发展带来不利的影响，各国竞争法均对不正当竞争做出了具体的界定，并明令禁止。

4.4.3 在竞争基础上合作

在市场经济体制下，每个企业都面临着巨大的竞争压力，必须采取合理的方案才能取胜。然而，经济发展本身决定了企业不仅要具有竞争力，企业之间的合作也是企业竞争的产物，是企业之间为了获得长期的市场竞争优势而进行互补资源交换的经济战略。各参与企业形成的合作行为是为了获得回报而相互承认约定的权利和义务的互利活动。企业之间的有效合作可以使合作企业实现双赢甚至多赢。

（1）平等自愿。企业之间的合作表现在法律上的合同关系。该合同是自愿平等主体之间的行为，具有法律结果，这意味着参与合作企业承认并接受他们的权利和义务。在市场经济条件下，企业之间的合作，也会发生在企业平等自愿前提之下。合作的各方企业平等自愿，有独立的、完整的法律行为能力和意识的自主性，平等地遵守并执行市场规则等。因此，履行各自的权利和义务，合作必须是平等、自觉、自愿。

（2）诚信守约。企业间在竞争中形成的合作经济关系是一种社会契约关系，那么各合作企业自然享有各自约定的权利，同时承担相应的义务，这种权利和义务的规定必须是企业通过自身真实意愿的反映。企业之所以能够选择合作，是希望得到增强企业提高自身的实力，抵御共同的竞争对手。但是参与合作的企业之间并非完全的利益共同体，他们还存在各自的独立的利益诉求，而这些利益诉求之间或多或少存在冲突或竞争，因此在合作的同时，各参与的合作企业间彼此仍然存在着市场竞争的关系。诚信地履行契约是处理好各个企业的个体利益与联合体的整体利益的关键，它使各企业在一定约束条件下获得提升自己所需要的条件，以及工作需要的资源，在市场上占据主要竞争能力优势，同时又不侵犯其他合作企业的利益。诚信守约要求积极参与合作的企业以善意的方式严守诺言和履行义务，不能滥用权力及规避应承担的责任。同时，各参与合作的企业还应履行因诚信原则而产生的各种连带义务。只有参与合作的企业生产之间都诚信守约，合作才有可能进行下去。

（3）共同分担。互惠是为各企业之间进行合作的一个先决条件，共享是合作的终极目标。只有互惠互享，共同分担才可能达到企业之间真正的合作。共同分担使企业各取所需，通过不同企业之间的优势互补和整合，合作联合体在竞争中才会优势愈加明显。共同分担，不仅是利益风险的分担，也是利益蛋糕的分享，良好的合作，利益的蛋糕会越做越大。

市场经济是竞争环境经济，也是合作学习经济。竞争与合作都是一个企业在不同历史条件下采取的不同的经济管理策略。企业在发展过程中离不开竞争，同时也离不开合作。在竞争中有合作，在合作中也有竞争。通过分析竞争关系可以求得合作，通过建立合作方式可以进行更好的竞争。因此，竞争与合作是对立统一的。缺乏创新合作的竞争是低水平的盲目的竞争，缺乏竞争的合作是脱离企业发展实际的低效率的合作，只有把两者相互结合使用，才能实现优势互补，相得益彰。企业在有限的经济信息资源和有限的市场中能够及时获取的利益是有限的。在市场中起作用的供求规律就决定了“物竞天择”的竞争法则。企业有效合理地利用自己的资源甚至创造资源，从而保持和巩固其在市场上的竞争优势。

4.5 企业与股东的伦理关系

企业对股东的道德规范包括增进股东利益、构建企业与股东间的和谐关系、维护企业良好形象三个方面，这些道德规范维系着企业与股东的和谐关系。

4.5.1 增进股东利益

企业伦理的目的就是要适应企业内外部环境变化的要求，公正、合理地处理好各利益相关者之间的复杂关系，使权利责任关系在各个利益相关者之间重新进行合理分配，推动企业健康成长，而绝不是削弱股东的权利，减少股东的利益。

（1）企业经营的经济效益是股东利益的根本。从根本上讲，股东的利益与企业的利益是一致的，只有企业兴旺发达，才能给股东带来更多的利益。股东投资企业的原始目的就是为了追求更多的利益，这在客观上推动了企业的发展壮大。所以，企业本质上是追求经济利益的组织，有义务增进股东的利益，从而获得更多的投资。企业的道德行动与追求利润之间并非此消彼长的关系。作为具有“经济”本质特征的企业，道德行动的重要问题是经营者遵循利润最大化要求的行为规定，并考虑这个决策的伦理因素。利润如何产生以及如何分配，与提供人们所需产品和服务的最终目标及效率是有机地整合在一起的，经济效益本身也是企业的伦理道德使命。

（2）完善公司信息披露制度。信息披露制度，也称公示制度、公开披露制度，是公司为保障股东利益、接受社会公众的监督而依照法律规定必须将其自身的财务变化、经营状况等信息和资料向证券管理部门和证券交易所报告，并向社会公开或公告，以便使各股东充分了解情况的制度。向股东提供更多、更准确的信息是保证股东利益安全的最好方法之一。参加公司股东年会的股东，通过公司管理人员的讲话和诸如年度报告之类的文件来了解公司过去的经营业绩以及未来目标；没有参加年会的股东，则主要依靠公司发布的年度报告和独立财务分析意见获取公司的信息。

（3）完善经营者激励契约。企业经营者的个人报酬同企业的运营成果挂钩，从而鼓励他们采取符合企业最大利益的行动。不过这也涉及成本问题。如果激励成本过低，不足以激励企业经营管理层，股东的权益就得不到有效保护；如果激励成本过高，股东又得不到应得的收益。因此，只有适当的激励才能在一定程度上调整股东与企业经营层之间的利益冲突。完善经营者激励契约至关重要，企业与经营者之间的激励契约包括：①建立与经营者重复博弈的机制。企业应制定一套合理的薪酬激励、声誉激励和内外部机制相结合的多元化、规模化经营者激励约束机制。首先，在激励机制的改革中应加大浮动报酬在报酬总额中所占的比例，增大报酬的业绩弹性，实现有效激励。其次，在激励期限上要处理好短期和长期激励的关系，可以与经营者保持一种长期相对稳定的契约关系，并通过一系列的短期合同来实现。在具体操作中可采用分期考核、分期支付报酬的形式，避免与经营者的一次性博弈，建立长期相对稳定的契约关系和重复博弈机制，这样可以保证经营者具有长远预期，从而提高激励效应。②建立经营管理者个人信誉社会评价体系。设立对公司高级管理人员和董事的业绩进行独立评估的中间机构，确定中间机构定期发布评估结果，供公司参考，从而建立一套完善的个人信誉社会评价体系、定期对经营者进行评估，把经营者的信誉和公司绩效结合起来，促进个人信誉评价机制的有效发挥。③活跃企业控制权的竞争市场，加强产品市场的竞争强度。企业控制权竞争市场可以使有能力的经营管理者在短时间内取代较低能力的经理，控制公司的资源。具体来说这类竞争市场的运作可以通过“代理人竞争、善意地购并和善意地接管”来培养充分竞争的经理人市场，其市场选择机制是有效防范经营者道德风险的有效的工具。而产品市场的竞争无疑也是控制企业家道德风险的重要机制，激烈的产品市场竞争会降低经营管理层的懈怠，并且可能有助于限制低效率的行为，减少控股股东的“隧道行为”。所谓隧道行为是用来描述大股东常常通过挖掘见不得阳光的“地下隧道”转移上市公司资产或利润、掏空上市公司。

4.5.2 构建和谐关系

1. 构建和谐关系的基本原则

企业伦理的普遍原理是确立功利与道义、利己与利他、公平与效率、权力与权威、竞争与合作的关系及其矛盾的辩证统一。依据这些普遍原则，结合企业与股东关系的特殊道德问题。在此，提出构建企业与股东和谐关系的三项原则。

（1）忠诚尽职原则。是指股东与企业各级管理人员之间相互全面履行委托代理的义务和承诺，为维护公司的利益尽最大努力。具体体现在股东真实出资、保证资本数量，不得制作虚假招股说明书、认股书，不得虚报注册资本、虚假出资、抽逃注册资本；公司股东、董事、监事、管理层不得挪用公司资金，不得将公司资金借与他人，不得将公司资产以个人名义存储，不得以公司资产为股东和个人担保，公司董事、监事、管理层等不得利用职权收受贿赂、获取其他非法收入、侵占公司财产，不得违反行业禁止规定。自营或为他人经营与自己所任职公司同类业务。美国通用电气（GE）公司的杰克·韦尔奇作为世界著名职业经理人，善始善终其职业生涯，为提升公司和股东价值做出了举世公认的贡献，的确是履行忠诚尽责原则的榜样。

（2）诚实信用原则。是指企业对待股东和其他利益相关者要实事求是，不做假、不隐瞒、讲求信用。其中，诚实就是做到表述真实、合法，当事人之间真诚相待，不钩心斗角、尔虞我诈；信用就是说到做到，履行约定。具体体现主要是强调忠实告知义务，企业不得提供虚假的或是隐瞒重要事实的信息报告。

（3）公平互利原则。是指企业高层管理人员与股东之间权利与义务公平对等，相互合作扶助，互惠互利，实现共赢。

2. 构建和谐关系的方法和途径

（1）完善法律体系，加大执法力度。道德约束是软约束，而法律约束则是硬约束。法律具有强制性，同时具有伦理教育的作用，它可以强化行为趋向，迫使相关人对自己的行为进行选择，逐渐成为自我意识的一部分，于是外在的法律就转化为人们的自我约束，伦理水平底线得以保证。因此，法律体系的完备程度和执法水平是建设企业伦理的一个重要途径。为规范企业和股东双方彼此的行为，首先必须用法律来加以硬性约束和明确规范，这是明确双方责任和维护双方权益的第一步。

（2）伦理管理制度化。“无规矩不成方圆”，提高伦理水平不能单纯依靠道德说教。伦理形成制度化则利于构成企业和股东的和谐关系。制度可以把道德规范转化为权利、义务的具体要求，便于把握和执行，具有较强的可操作性。另外，制度形成之后具有稳定性与持续性，可以为道德养成提供途径．它是个体和群体必须遵守的规范，具有引导性和强制性。制度安排下的行为会从不适应到逐渐习惯，伦理教育的效应在此过程中逐渐内化，伦理观念得以提升。

（3）伦理教育和培训。加强企业伦理培育，提高企业管理层以及股东的伦理文化素养。管理者掌握和支配着企业的财产和人力资源，企业伦理规则确立的最大推动者是企业的管理层。管理层自身的伦理道德观念在某种程度上影响着员工和企业的伦理观念体系。只有加强伦理教育和培训，才能对内搞好管理，对外搞好竞争。实践证明，企业要成功，管理层就应有较高的伦理道德水准和追求，因此，企业管理层的自我伦理教育是企业正确处理与股东关系的重要前提。除了管理层的伦理教育外，对企业全体员工进行道德伦理培育同样必要，通过建立和实施企业伦理计划，才有可能形成良好的企业文化氛围，构建企业与股东的和谐关系。

4.5.3 保持良好的形象

（1）企业形象的概念。企业形象是指人们需要通过企业的各种重要标志（如产品特点、行销策略、人员风格等）而建立联系起来对企业的总体印象。企业形象是企业经济文化的一种外在表现形式，它是社会公众与企业接触交往活动过程中所感受到的总体印象，这种印象是通过提高人体的感官传递获得的。企业形象能否真实反映企业的精神文化，以及能否被社会各界和公众舆论所理解和接受，在很大程度上取决于企业自身的努力。考察一个公司的企业形象，可以洞察其文化系统，也可以有效评估它在市场价格竞争中的真正实力。一个企业提供良好的形象主要表现在：企业内部环境形象、产品形象、领导和员工的形象等。

（2）企业形象的定位。也就是说，通过对企业和竞争对手的实际情况进行调查，清楚自身的优势，定位自身的企业形象。企业形象调查的目的有两种：明确企业的未来发展方向，并初步确定的企业的自身定位。公司实际上可以双管齐下：①企业经营状况和宏观经济环境变化的态势。②内部环境。企业经营的宏观环境主要包括六个方面：人口环境、经济环境、自然环境、技术环境、政治和法律环境、文化环境。企业内部环境，包括企业文化、经营理念、研发能力、产品线、市场占有率、组织结构、员工的状态等。需要进行广泛的调查，不仅要与高层人员沟通，而且要与一般企业的员工进行沟通，特别是要了解企业和员工忠诚度、归属感和其他心理状态的感知。对竞争对手的调查也尤为重要，调查内容如理念、产品和服务的功能、产品的发展、市场竞争力。

（3）企业自身形象的管理与控制。对企业自身形象的管理与控制是企业形象维护阶段性的总结和整理研究，是维护企业发展形象，促使更加规范和有效管理的手段。企业自身形象的管理和控制有两层含义：①企业自身形象在实践中受到影响严重损害的时候，需运用信息科学技术手段通过分析、判定企业形象受损的原因和程度，并提出一些相应的挽救措施。②对已初步确立的企业形象运用现代科学手段，进行监督检查、风险评估，从中推断是否与设定的企业形象目标相一致。若不一致，则进行一维或二维的调整，确定完善企业形象的目标；根据企业内部本身状况及环境的变化，对企业形象问题进行规整与维护。

（4）保持良好的企业形象应该坚持的原则。包括：①企业形象应符合利益相关者的要求。企业的利益相关者，如股东、员工、供应商、客户、竞争对手、社会和政府等。他们对企业的形象有不同的要求。要创建和维护各利益相关者满意的形象是非常困难的，企业形象的目标应该特别关注利益相关者的要求。②企业形象维持长期、连续的过程。视觉效果可以在短期内建立，但无论是企业还是经营理念行为的改变不可能在一夜之间发生，企业利益相关者，理解和接受新的企业形象也有一个过程，创建和维护企业形象不是一件容易的事情。③企业形象的维护应该考虑到现实和未来。一个充满活力的公司，应该用发展的眼光看问题，要具有前瞻性。以适应不断变化的环境，所以在塑造和维护企业的形象事件中，企业应该充分考虑行业和企业的发展方向，找到现实和未来之间一个可行的切入点。④企业形象的维护应该全员参与。企业形象的维护要求企业所有部门和所有人员都按照目标形象的要求，努力工作，才可能成功地维护企业形象。⑤企业形象的维护应该与企业文化相协调。企业形象和企业文化本质上是互补关系，共同表达着企业的内涵。企业文化是企业生存的核心价值观和行为表现的含蓄表达；创新的企业形象与企业文化不能分开，只有企业形象与企业文化协调一致，这是创新的基础。

（5）维护企业进行良好社会形象的思路。①先在产品和服务的质量管理上下功夫，用卓越的产品和服务打动消费者。好的产品和服务总能给人留下深刻印象，产品和服务本身便展示着企业自身形象。②深入分析挖掘企业的发展历史，找到一种独特的核心价值主张，用个性化的表达方式来传播，总结经济利益以及相关者留下独特印象，积累企业的形象资产。③运用多种渠道传播企业整体形象。要善于充分利用关键事件做形象宣传，如参加公益组织活动、赞助体育教育文化教学活动，邀请消费者和媒体来企业内部参观等，都能起到低成本、高效率的传播效果。④企业内部员工才是企业形象的有力维护者和展示者，每个部门员工的行为都展示着企业形象。利用全员积极参与人员树立和维护企业整体形象，一致表达和践行企业的核心价值观，这是成本控制最低、效果达到最佳，不断积累和维护企业良好社会形象的思路和方式。⑤了解消费者的内心需求，用真诚的价值回报消费者。消费者之间并不是需要华丽的广告而购买产品，而是根据他们内心的感受去挑选产品。广告内容不仅要给公众留下深刻印象，还要打动和感动消费者，才能在消费者心中维护企业形象，也才能留住顾客。打动消费者的广告已经不能频繁刺激和长期播放，而应把费用节约下来回报消费者。⑥以品牌建设创新战略为突破口，打造强势品牌。企业应该在其行业内树立起自己的品牌营销价值，这是其未来产业发展的必由之路。作为现代企业的无形资本，品牌主要经营需集合品牌忠诚度、知名度、品质认知度、品牌联想度等综合评价要素，是一项长期的投资。它代表着一个企业的素质、信誉和形象。⑦利用网络危机事件公关，树立坦诚负责的企业形象。企业总会遇到各种形式各样的危机事件，小到消费者的个别投诉，大到企业产品造成重大伤亡事故。每一次危机以来都是一次形象思维创新的机会，运用好了都可以提升形象，更能得到满足公众的信任。

（6）提高股东关系管理，维护良好的企业形象。通过细致周到的管理股东关系，企业可以在股东心目中树立良好的形象，从而提升公司的品牌，促进企业的可持续发展。①股东关系管理纳入企业的发展战略。股东关系管理作为战略管理职能之一，是公司治理的重要组成部分。企业要制定出发展战略和资本市场有效衔接，股东关系良性互动，树立良好的企业形象、企业的战略实施和股东关系相互支撑和促进。企业要准确把握宏观经济发展，研究发展趋势，及时调整经营策略和工作计划，确保企业健康全面发展。②健全和完善股东关系管理。为了实现股东关系的制度化，管理的规范化，确保工作高质高效，企业在实际运作中应制定一些内部管理制度和规范，如投资者关系管理制度，管理规范等信息披露制度。公司股东关系管理强调信息披露作为重要的股东关系管理计划的重要内容，严格遵守规范的程序，及时、信息准确、真实、完整和公平披露，以确保公司信息披露恰当。③高管层高度重视并积极主动参与本企业的股东关系管理。高层管理者应该在企业中树立积极健康的股东关系管理观，明确向股东及时、准确、全面、真实地提供一些有关企业经营信息是企业应尽的义务，这有助于提高企业治理体系结构的进一步建立完善，可促进企业在资本主义市场的持续稳健发展。同时企业高层领导应该坚持定期分析研究股东关系管理工作，指导、支持其他高管和监督股东关系具体情况实施，认真对待、充分准备并积极出席企业的股东关系管理活动。通过股东大会、业绩说明会、媒体见面会、接待股东现场调研、回复股东信函等各种不同形式和渠道，高层领导可以不断加强与股东的沟通和交流，使股东更加全面和详细地了解影响企业自身经营现状和未来发展战略规划，增强股东长期投资企业的信心。④培养高素质的股东关系管理人才队伍。企业从诞生之日起，就要注重抽调具备一定经济、财务和法律制度基础理论知识的人员充实到股东关系管理部门，并在日常工作中细心指导和培养他们熟知企业文化经营管理，了解企业发展战略和财务数据，熟悉信息披露法律政策法规要求，增强语言表达、沟通和组织协调能力，并坚持为其开展工作创造良好条件，使其能够接触并了解这个企业股东关系管理相关的内部各类信息，以保证信息披露的质量和效率。同时，相关工作岗位人员还应对企业所处的行业地位和即将进入的行业进行比较深入地调查研究，了解和掌握现代企业生产经营、发展应用前景和企业治理状况，挖掘企业核心竞争优势和投资亮点。

4.6 企业与生态环境的伦理关系

4.6.1 企业对生态环境的道德原则

企业应遵守的生态伦理规范是一个价值体系，包括道德原则和道德规范两部分，其中道德原则是：企业与生态环境、社会是相互依存的关系，企业是生态环境的一部分；保护生态环境是企业的社会责任，企业是社会环境的一部分。

（1）企业是生态环境的一部分。企业的存在与发展是一个不断向自然界摄取物质能量、向人类社会贡献物质财富的过程，同时又是一个不断向自然界排放各种废弃物或有害物质的过程。自然界以其巨大的包容能力在供给资源的同时，吸收、消化企业所排放出的一切废弃物。企业既然利用了自然界提供的资源，当然就有责任保护自然、维护生态平衡。以往人们在研究企业自身的责任时，往往只注重企业的社会责任，强调企业对社会、对公众的责任，却忽视了其对自然环境的责任。看到今天破坏严重的生态环境，每一个企业都要反思自己的行为：企业是否存在着污染环境、破坏环境的行为？是否尽到了保护环境的责任？

（2）企业是社会环境的一部分。每个人都有平等的权利，包括人的生存权、自由权和安全的权利。个人、社会和民族都不具有剥夺他人生计的权利。基于此，企业也没有剥夺他人健康的权利。以前在强调企业有助于提高人们的生活水平的同时，却忽视了它对人类造成的危害——企业对环境的污染已经成为威胁人类健康的隐性杀手。总之，企业在生产经营中既要处理好与自然之间的关系，又要处理好与人之间的关系。

4.6.2 企业对生态环境的道德规范

（1）坚持可持续发展。1997 年，世界环境与发展委员会明确了可持续发展的内涵，即：可持续发展是既满足当代人的需要，又不对后代人满足其需要的能力构成危害的发展。它包括两个重要的概念："需要"的概念，尤其是世界上贫困人民的基本需要，应将此放在特别优先的地位来考虑；"限制"的概念，技术状况和社会组织对环境满足眼前和将来需要的能力加以限制。发展是为了满足人们的需要，当然，这里的需要是所有人的需要，而不是部分人的需要；是包括当代与后代人的需要，而不仅仅是一代人的需要；是有限制的需要，而不是无止境的需要。通过对需要的限制，促进区域公平和代际公平，虽然他们是针对国家的发展目标而提出的可持续发展战略，而国家的发展包括企业的发展，因此，企业也应该遵循可持续的发展思路，也就是说企业的发展应该维持在资源和环境承受能力的范围之内。如果将可持续发展的内涵与企业的具体行为相对照，会发现目前很多企业并没有真正贯彻可持续的发展观。如发达国家的一些企业将高污染、高能耗的工厂转移到发展中国家，以逃避国内高环境标准的限制；有些发达国家严格限制资源的开采量，因此，它们的企业便从发展中国家进口大量的资源，这些发展中国家为了尽快摆脱贫困而无节制地开采原油、煤矿，砍伐热带雨林……当然，出现这种情况的原因很复杂，如历史的因素、政治的因素等，但企业并不能因此而推卸责任。为了经济而过度利用或毁坏自然资源，长此以往将毫无经济成就可言。

（2）开展节约式生产，提高资源利用率。资源是企业生产经营的必要条件，它贯穿于生产、建设、流通、消费等各个环节，直接影响企业的经济效益。而大家都知道地球能够提供给人类的资源是有限的，因此，企业必须加大生产结构的调整力度，主动淘汰落后的工艺、设备，减少资源、产品在传递过程中的浪费现象。与此同时，要做好生产预算，计划好工作量、材料使用量，寻求一个计划用量与实际使用消耗的完美结合点。

（3）进行循环式生产，避免浪费和污染。按照经济学家的解释，传统经济遵循的是从资源消耗到工业产品，再到污染排放的单向流动的线性模式，而循环经济则是从资源利用到清洁生产，再到资源再生的接近封闭型的循环反馈式流程。两者最大的区别有两个：一是传统经济对资源的利用是粗放型和一次性的，循环经济则遵循自然生态系统本身的循环法则，低消耗、高质量、低废弃地利用资源，从而将经济活动对自然环境的影响、破坏减少到最低程度；二是传统经济不能实现资源再生，循环经济可以。当然，企业要进行循环式的生产在初期可能需要大量的资金和技术投入，但从长远的利益来看，这项投入是值得的。目前，美国、欧洲以及日本的循环经济发展得十分迅速，涉及多个行业，包括造纸业、炼铁业、塑料橡胶业、家用电器与计算机设备业，以及家居用品等行业。他们在保护环境的同时也获得了可观的利润，以美国为例，1995 年，美国再加工行业的收入为 530 亿美元，超过了耐用消费品（家用器皿、家具、音响、录音机、农场及花园装备等）行业的收入。

（4）把环保理念运用到经营方式中。目前各个企业不停地推出新产品，消费者为了满足自身的某种需求而不断地购买新的产品，而很多同类的产品便闲置下来，这样也是一种资源的浪费．为了解决这个问题，企业能不能做一些工作呢？企业能否对那些闲置下来的产品进行回收再利用？或者说，企业能否直接开展对已经出售的产品进行功能升级的经营项，因为目前已经有企业开始了相关的服务项目，如目前比较热门的玩具出租项目，即一些玩具经营企业一改传统的仅出售新玩具的服务方式，开始提供玩具的出租服务。因为孩子的身体和智力的迅速变化导致玩具更新率非常高，一个孩子从出生到小学毕业拥有几百件甚至上千件玩具都不算什么新鲜事。但孩子一过了相应的年龄阶段，许多玩具就不适用了，被迫“下岗”，家长往往望着一大堆被孩子们“抛弃”的旧玩具一筹莫展。玩具租赁服务解决了家长的难题，同时，企业在节约生产成本的同时也赚取了利润。更为重要的是，企业为社会节约了大量的资源。如果所有企业都从这种“服务型”的经营模式出发，那么整个人类赖以生存的环境将得以保护。

4.7 企业与政府间的伦理关系

企业与政府关系，是企业利用各种信息传播途径和方式与政府进行沟通，进行双向的信息交流，尽量取得政府的信任、政策支持和相关合作，从而与企业形成良好的外部政治环境，保证企业的生存与发展。

在企业与政府的关系中，企业是主体，政府是客体，即企业与政府关系的功能客体。政府是一个庞大而复杂的系统结构，从公共关系的角度来看，可以分为三个层次：①涉及组织利益的中央政府和地方各级政府；②政府组织中的职能部门，企业通过这些部门与政府打交道，接受政府的管理和约束；③在与政府打交道的过程中，企业需要与各级政府的官员、行政部门的助理和秘书以及其他职能人员接触。与其他利益相关者相比，政府有维护国家权力和社会稳定的政治责任。政府除了承担政治和社会责任之外，还有经济监督的职能。政府的主要职能是运用经济政策和法律手段，调控国民经济的运行，维护正常的市场秩序，站在公平的立场上，调解不同所有者、经营者、管理者和劳动者以及他们之间的矛盾和冲突。企业作为社会的一员，对政府的责任主要体现在：支持和配合政府的政治活动和经济政策；依法纳税，以维持政府机器的主要燃料和动力运行。政府庞大的采购清单和公共工程开支计划也需要企业满足或实现，如何保证质量和按时交货是政府关心的问题。

4.7.1 企业与政府间建立良好关系的原则

企业要与政府建立良好的关系需要遵循以下基本原则。

（1）服从政府的统一管理和领导。为了维护国家乃至全球的利益，企业必须自觉服从政府管理。即使这一法律、法令、政策、法规等使企业遭受经济损失，企业也必须履行。如政府提倡反腐倡廉，就要求企业组织对干部员工进行经济活动教育，不能违反廉洁原则。有些政府官员利用职权从事权钱交易的腐败活动，企业有关人员应当坚决抵制，也可以向主管部门报告，配合政府工作。

（2）遵纪守法。企业是法人，对政府来说是一个社会团体公民。它的所有的活动和行为必须在法规所允许的范围内进行，就是说，通过公众的公共管理关系研究活动必须合法。对政府的公共服务关系发展不是送礼、拉关系，而是需要建立在公正、公平和信息公开基础上。企业要守法才能在政府工作面前建立一个良好的政治文化形象，得到政府的认可，企业的权力和利益才能得到政府的保护，从而赢得市场消费者的信任。反之，如果作为一个企业无视其他国家及地方政府的政策和法律，为了促进企业经济利益从事违法勾当、偷税漏税、生产假冒伪劣产品、违章作业，那企业就会受到法律的惩罚和政府的处罚，甚至可能被取缔。如此一来，何谈对政府的公关，何谈实现企业的目标，何谈实现企业自身利益的最大化？中国已成为 WTO 等国际贸易组织的成员，因此，企业还必须遵守这些国际法、国家条约的规定和国际惯例。在海外的企业也必须遵守当地不同国家的法律和规定，尊重当地的乡规民俗。这样才能与当地政府形成融洽关系。

（3）大力支持政府。企业应根据自己的实际情况，力所能及地积极参与社会公益活动，客观上会赢得政府、社会公众的一致好评和赞赏。

（4）企业发展与国家经济利益和社会利益一致。企业是社会的一部分，一个局部的群体，有自己的目标和利益。政府管理则是代表社会公共利益。企业追求自己的利益是无可非议的，但这种对利益的追求必须与社会利益趋于一致，才能不断得到政府的认可，从而获得政府和公众的信任和支持。

4.7.2 企业与政府建立良好关系的方式

（1）加强企业与政府管理部门的信息沟通。政府可以作为一个国家经济权力的执行机构，代表公众利益和社会保障。企业要正确分析处理与政府的关系，首先要加强与政府监管部门的信息交流沟通，了解各级人民政府的职能，权力及工作程序，与政府部门之间建立正常的联系方式。因此，企业的公共服务关系研究部门就要密切关注新闻传播媒介的动态，随时搜集政府部门下达的各种命令和文件，并尽可能根据这些政策法令的变化来调整自己企业的政策及活动。当然，企业与政府的关系也不是简单的绝对服从关系。如果企业在执行政策法令过程中，发现政府行为与实际情况出现偏差，则有责任向政府有关部门提出修正意见。

（2）提供支持和帮助政府决策。随着国家、社会的认可度和民营经济的重要性的提升，越来越多的企业家已经进入公共权力的政治舞台。为了争取政府的理解和支持，企业必须建立责任的概念，以支持政府的工作。政府作为一个非营利性的社会组织，财政支出普遍吃紧，但政府研究和重要的决定需要社会力量支持，企业作为社会经济发展的重要力量，应主动积极为政府决策提供支持和帮助。

（3）熟悉程序和政府部门的工作方法。各级政府组织是一个庞大的系统，公司并不需要处理与所有政府部门的关系。如果企业的公关人员能够建立更熟悉该公司需要联系的政府部门，可以有效地降低企业与政府公共机构的频繁交流和权力管理的分割状态等问题，减少“踢皮球”的现象。若企业有急事能与有关的政府部门及时、有效的沟通，还能提高工作效率，有利于商业活动和工作的正常开展。

（4）由专人进行与政府社会公众的联系。一般情况下，企业的政府关系是由企业的领导人负责。这些领导人与政府某些官员接触比较频繁，双方相互学习了解，如果领导人与这些官员除了工作人员关系外还能建立朋友关系，那么，双方之间的沟通就比较随和、顺利，交谈往往能直接切入主题，有利于提高员工沟通与协调的质量。

4.8 本章小结

企业是经济细胞，是社会的重要组成部分。企业与利益相关者之间是一种共生共荣的“生物种群”关系。我国的企业必须认识到企业是自然—经济—社会链条中的一部分，企业自身利益与诸多利益相关者的利益具有一定程度上的一致性和钳制性，可谓一荣俱荣、一损俱损。企业应该遵循“利益相关者共生与合作”的逻辑，认识到利益相关者和企业社会责任的互动性和内在的统一性。在此基础上，企业需要建立与社会责任相适应的实现机制，形成利益相关者共同参与和共同治理的新型共生共赢模式。

第5章

我国古代经济伦理思想

中华优秀传统文化对中华民族思维与行为方式的形成与发展起着非常重要的奠基与导向作用。在全球化进程中，系统挖掘中华优秀传统文化的精髓，研究古代生产、交换、分配、消费等经济环节之伦理思想，促进企业回归本源，树立以人为本的仁爱观，义以生利的财富观，和而不同的竞争观，德法并重的规则观，慎思笃行的决策观。以中华优秀传统文化为基础，切实加强伦理建设，全力履行企业社会责任。

5.1 我国古代经济伦理思想

中国传统伦理思想是中国传统文化的重要组成部分，以孔孟为代表的儒家伦理思想是中国传统文化的核心，也是安邦治国、经世济民的理论基础。用马克思对经济环节的分析[①]来判断，中国传统经济伦理思想包括四个方面，即生产、交换、分配和消费等。

---

① 马克思在《政治经济学批判》导言中阐述了社会生产是一个整体，它是由生产、分配、交换和消费四个环节构成的。马克思批判了资产阶级经济学家仅仅限于描述它们之间的表面联系，以及形而上学地割裂这四个环节内在联系的错误观点，阐述了生产与分配、交换、消费的一般关系，提出了生产对其他环节居于首位的原理。马克思说："一定的生产决定一定的消费、分配、交换。当然，生产也决定于其他要素。"

5.1.1 生产伦理思想

综观人类社会生产力发展的历史，人类生产主要有三种类型：一是人类自身生产，如生儿育女、人口繁衍；二是物质财富的生产，包括经济及商业的发展，我国古代的物质生产主要是农业生产和手工业生产；三是精神财富的生产，如艺术、文化等。在此，我们主要探讨我国古代物质财富的生产行为及其伦理思想。

（1）以义生利。《尚书·洪范》中有："农用八政，一曰食，二曰货。"将食物与货物列为八政之首，反映了我国古代社会对农业生产与商品交换的重视。民以食为天，生产丰富的食品，才能满足人民对食物的需求。儒家重视社会财富的创造与增殖，在物质生产中，强调以义生利。对此，孔子认为："邦有道，贫且贱焉，耻也。""政之急者，莫大乎使民富且寿也。"儒家并不反对社会生产，但要"义以生利"，"义，利之本也。"管仲非常重视生产发展，对创造物质财富作用进行了概括。他强调："仓廪实则知礼节，衣食足则知荣辱。"他还提出了"四维不张，国乃灭亡"的思想。四维是指："一曰礼、二曰义、三曰廉、四曰耻"，即人们通常所说的礼义廉耻。墨家非常重视"以义生利"和"义利统一"，提出"义，利也"，墨家还重视艰苦创业和劳动者的利益。

（2）生财有道。古代所谓的"生财有道"，是指人们的生产行为应守各自等级名分，不能越级。具体表现为：一是社会各等级应严守各自"生财"之路。如"仕者不稽，田者不渔"，"为君者不可与民争利，为仕者不可兼利农工商业"等。二是各行各业应严格遵守社会分工。在《周礼·天官·大宰》中，古人就提出了"以九职任万民"的思想，三是每一种职业必须遵守相应的职业道德。儒家认为恪守职业道德的"生财"活动都具有道德合理性，强调"君子爱财，取之有道"。总之，无论是务农、做工，还是经商，都要坚持"生财有道"的职业道德。

（3）勤劳敬业。勤劳是指辛勤劳作，努力生产物质财富和精神财富。

勤劳是中华民族的传统美德。敬业是中国人民的传统美德，敬业还是个人对自己所从事的工作的态度。孔子提倡“事思敬”“执事敬”“修己以敬”。“事思敬”是尊敬自己所思所做之事，以便专心致志地做事；“执事敬”是指怀着崇敬的心情做好自己的工作；“修己以敬”是指以敬重之心修养自己，以便更好地尽职尽责地工作。老子提倡“安其居，乐其业。”在古代，人们敬畏天地，并将“敬畏天地之心”与从事的职业有机结合起来，逐渐形成了中华民族的敬业精神。

（4）重本抑末。在战国时期，法家的商鞅、李悝和韩非等人认为，农业是人民衣食和富国强兵的源泉，因而把农业称为“本”，把工商业称为“末”。认为重农必须抑商和禁末，以保证农业部门的劳动力和农民的生产积极性。“重本抑末”的主张最早是由法家代表人物商鞅所提出的。在士农工商之“四民”中，商被排在了最末位。法家“重本抑末”的思想依据主要有：一是从人性上看，人们好逸恶劳，追逐名利；二是工商业有利可图，投机取巧，自然产生奸商；三是农民愚昧、淳朴，便于统治。对此，商鞅认为：“圣人知治国之要，故令民归心于农，则民朴而可正也，纷纷则易使也，信可以守战也。”

5.1.2 交换伦理思想

中国古代商品交换的产生于原始社会末期和奴隶社会初期。早在夏代就有了物物交换，商代的商业初具规模，周代商业有了较大的发展，商业的发展产生了度量衡和交换的规矩，同时也产生了非常重要的交换伦理思想。具体地说，主要包括以下几个方面：

（1）讲求诚信。古代的交换伦理是以“诚实守信”为基础的。“诚信”不仅是儒家重要的道德规范，也是商业伦理规范之一。古人对“诚信”的内涵与思想进行了深入的研究与挖掘。孟子认为：“诚者，天之道也；思诚者，人之道也。”孔子所提出的“人而无信不立”“人而无信，不知其可也”等思想就强调了“信”的重要性。在经商实践中，中国古代商人非常重视信誉，如晋商的“宁叫赔折腰，不让客吃亏”“生意无诀窍，信誉第一条”就道出了这一思想。诚信交易不仅降低了交易成本，也使商品交换变得更加简易和便宜。诚实守信在交易中，不仅对巧取豪夺是一种抵制，也是促进交易弘扬正道的伦理思想。

（2）艰苦精明。中国古代商人能吃苦耐劳、艰辛创业。在中国大地上所涌现出的晋商、徽商、甬商、客商等都能吃苦耐劳，也非常精明强干。晋商谚语“山西人，大褥套，发财回家盖房置地养老小。”就反映了商人的艰辛。胡适（安徽徽商后裔）认为：“一般徽州商人多半以小生意起家，刻苦耐劳，累积点基金，逐渐努力发展，有的就变成了富商大贾了。”晋商有很多谚语，如：“不怕不卖钱，就怕货不全。”“人离乡贱，物离乡贵。”“赊三不如现二。”“卖货先开口，顾客不愿走。”“屯得应时货，自有赚钱时。”“买卖赔与赚，行情占一半。”诸如此类，都从不同侧面、不同程度地反映了商人的艰辛与智慧。

（3）通功易事。就是分工和交换。我国古人主张商业和手工业与农业并存，主张国家对农业、手工业和商业等予以保护。孔子关心脑力劳动和体力劳动分工问题。在他心目中，只有“谋道”和“谋食”两种职业。“谋道”是脑力劳动者，“谋食”是体力劳动者。古人充分肯定脑力劳动和体力劳动之间的社会分工。孟子对商品价格也有自己独特的观点。他认为，各种商品价格高低不齐，是由“物之情”即商品本身的“情”所决定的。“情”即“实”。“实”和“名”是相悖的。名是形式，是表面的东西，实则是内在的东西。孟子的“物之情”不是商品的价格或市价，而是指商品的一种内在的属性，是显示价格的东西。也就是现在所说的“价格机制”。

（4）反对竞争。竞争是自然界的普遍规律，也是企业参与市场行为的本质属性。竞争对繁荣市场、刺激消费、促进生产都具有重要作用。然而，在我国古代伦理思想中，虽然认识到了竞争的客观存在，但基本持反对态度，强调顺其自然，反对竞争。儒家也反对竞争，提倡“和为贵”“与人为善”“争则乱，乱则穷”“争者祸也”“争之则失，让之则止”等。

5.1.3 分配伦理思想

分配行为实质是财富的占有、处分，是社会产品脱离生产渠道之后按照需求重新配置的活动。在古代，分配也涉及国家层面、诸侯层面、氏族层面、家族层面等。传统分配伦理思想主要表现在以下几个方面。

（1）藏富于民。传统伦理思想倡导藏富于民，民富则国强。孔子倡导“仁政”和爱民。他认为，“道千乘之国，敬事而信，节用而爱人，使民以时。”“下贫则上贫，下富则上富。”孟子也提出了“三代之得天下也以仁基，其失天下也以不仁，国之所以废兴存亡者亦然。”“亲亲而仁民，仁民而爱物。”等思想。墨家也认为“忠实欲天下之富，而恶其贫。”管仲则倡导“凡治国之道，必先富民。”

（2）均遍不偏。“均”是公平和均衡的意思，不偏就是保持“中和”的意思。过去有人把“均遍不偏”理解为“平均主义”，认为“平均主义”是我国古代传统分配伦理的主旨。事实上，“均遍不偏”强调的是分配的相对公平，并通过比较公平的分配制度，实现人与人之间的中和，实现社会大同。当然，古人所提倡的“均”是公平的意思，并不是绝对的平均。在此值得注意的是，平均主义分配思想是与生产力水平低下相适应的分配思想与分配方式，它与现代市场经济的分配是不相适应的，但两极分化又有违社会公平。因此，在社会分配环节，还需要从古代圣哲伦理思想中，积极借鉴、汲取有益的成分。

（3）取予有道。古代的分配思想基础是“天下为家”，即“今大道既隐，天下为家。各亲其亲，各子其子，货力为己”。“天下为家”是原始社会公有制破灭、私有制产生的必然结果。在“天下为家”的社会里，获取利益必须重视道德和礼制，倡导取予有道，即“君子爱财，取之有道”。孟子说：“其交也以道，其接也以礼，斯孔子受之矣。”孟子还提出了“穷则独善其身，达则兼济天下”（《孟子·尽心上》）的思想。孙武则认为，“欲将取之，必先予之”。我国战国时期的商人白圭（公元前463～前385年）就深谙“取予之道”，他遵守“人弃我取，人取我与”的经营原则，取得了巨大成功。白圭曾说过：“吾治生产，犹伊尹、吕尚之谋，孙吴用兵，商鞅行法是也。是故其智不足与权变，勇不足以决断，仁不能以取予，强不能有所守，虽欲学吾术，终不告之矣。”《史记·货殖列传》记载了其事迹，并称其为“天下言治生者祖”。

5.1.4 消费伦理思想

消费行为是重要的经济行为，也是促进交换、引导生产的动力。在消费活动中，古今中外伦理评价的核心问题是节俭和奢侈的善恶问题。中国古代提倡用伦理引导消费，消费要符合礼制和道德，并崇尚节俭，反对奢侈和浪费。

（1）节俭的伦理思想。孔子认为区别奢俭的重要标准就是周代的礼制所规定的等级消费标准。人们在衣、食、住、行、交际、陈设、婚娶、丧葬、祭祀等各种活动中，都必须严格遵照礼制的规定，而不应有所偏离。《左传》上说：“俭，德之共也；侈，恶之大也。”《礼·檀弓》上说：“国奢示之以俭，国俭示之以礼。”又《王制》上说：“祭，丰年不奢，凶年不俭。”荀子则认为“务本节用财无极”“不知节用裕民则民贫”。墨子说：“国家去其无用之费。”老子说：“金玉满堂，莫之能守，富贵而骄，自遗其咎。”“见素抱朴，少私寡欲”。韩非子也主张“俭于财用，节于衣食。”“常以俭得之，以奢失之。”总而言之，“克勤克俭”是中华民族的代代相传的重要消费伦理思想。

（2）适度消费的思想。管仲作为我国古代理财思想家，他一方面宣扬节俭，如“适身行义，俭约恭敬，其虽无福，祸亦不来矣。”另一方面，他还指出适度奢侈有利于促进经济发展的观点。并提出适当地奢侈能够推动生产，富人大量消费，商品交换就频繁，穷人也就有事可做，从而促进社会经济发展。

5.2 古代经济伦理观及其现代意义

我国古代有着丰富的经济伦理思想，这些伦理观对当今企业伦理建设，以及企业的健康、和谐、持续发展仍具有重要的借鉴意义。

5.2.1 以人为本的仁爱观

以人为本就是把人的生存、生活与发展作为根本。儒家倡导以人为本，提出“天地万物，唯人为贵”的思想。孟子提出了“民为贵，君为轻”的思想（《孟子·尽心》）。孟子说：“诸侯之宝三，土地、人民、政事。”管仲说：“夫霸王之所始也，以人为本。本理则国固，本乱则国危。”[①] 管仲所说的以人为本，就是以人民为本。“民惟邦本，本固邦宁”（出自《尚书·五子之歌》）强调以百姓为国家的根本，根本稳固了，国家就安宁了。中国古代的“以人为本”与西方的“人本主义”有根本区别，西方的“人本主义”是以“个人主义”为导向的，更加强调个人价值；而中国的“以人为本”是以“集体主义”为基础的，更加重视家庭及社会组织的价值。企业作为社会的基本经济组织，“人、资金、制度”是其“三宝”。当今企业伦理的核心仍然是“以人为本”。“以人为本”的价值观要求企业在经营管理活动中坚持一切以人为核心，以人的权利为根本，以人的健康幸福为目的，重视人的主观能动性，强调人与人之间的仁爱，重视企业对家庭和社会的影响。我国企业在伦理建设中，需要树立社会主义“仁爱”观，把自尊自爱与爱家庭、爱企业、爱国家、爱社会主义有机结合起来。仁爱之人，才是快乐幸福之人；有仁爱的企业，才是健康温馨的企业。树立以人为本的仁爱观，是企业伦理建设的基石，也是企业发育、成长、壮大与强盛的精神支柱。

---

① 见商务印书“万有文库”版本《管子》，1936 年版，第二册第 8 页。

5.2.2 义以生利的财富观

价值是反映市场客体对市场主体有用性的哲学范畴，而价值尺度的焦点是义利关系。20 世纪 70 年代，欧美发达国家就有“伦理先于利润”和“利润先于伦理”的激辩。这场持久而激烈的辩论运动极大地推动了企业社会责任与利益相关者理论的发展。早在古代，我国先贤圣哲就对义利关系进行了辩论，形成了中华民族“义以生利”的财富观。中华文化秉持“取予有道”的价值导向，在“取予”之动机及过程之中，遵循道，坚持道义，崇尚“君子爱财，取之有道”的价值取向。事实上，取之有道而至富贵，那才是真正的“富贵”，亦即在实现“经济人”价值的同时，也实现了“道德人”与“社会人”的价值。

我国传统经济伦理中的取财之“道”，一方面要求商家要由义及利，见利思义，决不可见利忘义。合义之财可取，不义之财不可取。“仁中取利，义中求财”。将道义与财富区别开来，彻底否定了拜金主义的价值观，建立了中华民族独特的财富观。另一方面，我国古代圣哲又充分肯定了商人牟利的合理性，孔子认为人类追求财富的欲望是天经地义的。孔子认为富民足民，以民富为政，是治国的基本要求。他认为富必须有一个前提，即合乎“道”，否则就宁可舍富处贫。可见，古圣先贤对道义的追求远甚于对财富的渴望。面对财富与道义的双重考验，鱼与熊掌不可兼得，舍财富而取道义是我国传统伦理思想的精髓。义是社会经济行为的正当性，是合道之义，而利是行义的报偿或回报。利作为社会发展的驱动力有其合理的一面，然而唯利是图必然导致无利可图，利也将逐渐失去其社会驱动能力，最终导致天怒人怨，把社会推向动荡的危机边缘。我国传统经济伦理的价值尺度为现代企业的经济行为提供了价值尺度与衡量标准。我国传统经济伦理中的“义以生利”和“重义轻利”的伦理思想，有利于企业伦理道德建设，有利于企业履行社会责任。促进商业企业的发展。发展经济，有利于现代化经济建设。求利获利是企业经营的目标之一，利益也是商业企业生存与发展的保障。然而，通过违背“道义”而疯狂地追逐“利”，对企业、对客户、对国家必然得不偿失，即便是暂时获利也必然长期失利。我国传统文化传到日本以后，日本人及其企业却把义与利巧妙地结合起来。日本著名企业家松下幸之助倡导“仁者爱人”“产业报国”“感恩社会”。日本还有个企业家吉田忠雄，被誉为“世界拉链大王”，他深谙商业经营之道，并在人生事业中提炼出了“善之循环”的思想观点。他早在20世纪40年代创建吉田兴业会社（后改为吉田工业公司）时，就从中国上海旧商人“和气生财”及《孙子兵法》中“欲取之，必先予之”中得到启示，并将中国道德哲学应用到企业经营中，创造了“利润三分法”：一是让利于消费者，争取更多的消费者；二是让利于批发商，使其乐意营销公司的产品；三是让利于企业员工（如员工持股），调动员工的积极性。这种做法结出了硕果，吉田忠雄也从小小的作坊主逐步成为“世界拉链大王”。儒家“重义轻利”的思想本身既有积极的一面，也有消极的一面。如“君子唯义而已矣，何必曰利？”“君子喻于义，小人喻于利”等思想在两千多年的封建社会发展中形成了“义利割断”“宁义勿利”及“唯利是图”的极端主义思想。这种“只讲道德，而贬低物质利益，甚者不讲物质利益”或者“只讲物质利益，不讲道德，甚至抛弃道德”的思想只能限制经济的健康、持续、和谐发展。新儒学的代表人物梁漱溟认为：西方文化自古相传的是以理智型为主的思维模式，并使西洋文化处处带着“征服自然的威风”。正是基于这种理智型的思维模式，形成了西洋人处处追求物质利益的功利主义价值观。理智的特征便是讲求效益，精于计算，并求得物质欲望的满足。而我国传统文化自古相传的却是直觉型的思维模式，这使得中国人无论遇到什么情况，总是以变更自己的观点，求得内心的随遇而安，是以不计较物质利益为其价值取向。这些价值取向对现代企业参与全球化进程，参与国际市场竞争是不利的。因此，树立义以生利的财富观，必须辩证地认识义与利的关系，在义利统一的基础上，实现义利并举。

5.2.3 和而不同的竞争观

我国古代传统伦理既提倡“当仁不让”，又讲究“和而不同”。孔子说：“君子和而不同，小人同而不和。”（《论语·子路》）在这里，“和”是指和谐，“同”是指一致。孔子这句话的意思是：君子在人际交往中能够与他人保持一种和谐友善的关系，但在对具体问题的看法上却不必苟同于对方。小人习惯于在对问题的看法上迎合别人的心理、附和别人的言论，但在内心深处却并不抱有一种和谐友善的态度。“和而不同”是讲求大局和谐，而个体应有差异或特色。这阐明了和谐是天下通达的道理。“和而不同”的思维既是系统论，也是辩证法。“和而不同”道出了天地宇宙以及人类社会的和谐，强调和谐是世界的本来面目，而冲突与争斗并不是世界的本来面目。但冲突与争斗也是一种不可忽视的客观存在，尤其在政治经济等领域，不同国家、不同民族、不同文化之间冲突仍然存在。在百年不遇的大变局中，坚持和而不同仍具有划时代的意义。

当今，“和而不同”这一思想对我国企业伦理建设及市场竞争观念的引导具有重要的作用与影响。在全球化市场中，竞争是普遍规律，也是市场经济的重要特点之一。在我国社会主义市场经济中，各种利益主体之间仍然存在竞争及某种程度的冲突。市场经济不仅是利益经济、竞争经济，也是法治经济和道德经济。“和而不同”就体现了中华传统文化道德精神。中华民族从古至今是奉行“集体主义”价值导向的民族，从家庭、家族、氏族、民族以及多民族的和谐共处，处处体现了“集体主义”精神。欧美等西方国家奉行“个人主义”。中国的文化基础与西方的文化基础是有差异的，因此，我国的企业要在国内外参与市场竞争，必须坚持“和而不同”，倡导和谐与和平，但绝不是与欧美诸国趋同。即便是国内诸多企业之间，也有利益冲突。因此，在企业伦理建设中也必须树立和而不同的竞争观。

在当今我国市场经济发展与完善的重要时期，我们的企业仍需要坚守“和而不同”，大力弘扬集体主义、爱国主义和社会主义精神，形成有生命力的企业精神与企业伦理文化。当今，智能化、大数据、信息化的新时代，企业的“和而不同”与传统小生产者的“和而不同”也是有差异的。当今的和而不同，需要全球视野，需要国际化格局，需要团结起来，构建中国的企业命运共同体，更需要构建人类命运共同体。全人类只有一个地球，地球是人类的共同家园。危害或破坏共同地球家园的企业行为都是不可饶恕的，因此，不同的国家，不同的企业必将建立“和而不同”的新时代经济格局，在“求同存异”中形成新的市场与竞争局面。在现代市场经济中，“竞争”是每个企业作为市场主体都必须参与的。反对竞争或漠视竞争，都是不可取的。在竞争中求生存促发展是企业的必然。“和而不同”的思想告诉我们，为天下之人谋利益谋幸福谋大同是“和”的精神体现，而耍小聪明，甚至尔虞我诈、你死我活的争斗，必然两败俱伤，因为违背了和的精神。当今，企业之间既有竞争与博弈，又有协作与共赢，“和而不同”就是引领企业通向共生、共赢、共荣的康庄大道。我们重视企业伦理建设，西方国家也重视企业伦理建设。但由于文化价值观及社会制度的差异，其伦理建设必然是“和而不同”。对此，我们必须有清醒的认识。倡导“和而不同”的竞争观，必须坚定地抵制奸商，摒弃“损人利己”“巧取豪夺”“唯利是图”的思想与行为，坚决反对“拜金主义”和“享乐主义”。在市场的“和而不同”中追求“众志成城”，形成我们独特的企业伦理观。

5.2.4 德法并重的规则观

俗话说：“没有规矩，不成方圆。”企业作为以营利为目的经济组织，在生产经营活动及市场竞争中都必须懂规矩、讲规矩、守规矩。企业伦理也是通过一系列的规矩体现出来的。规矩不仅是制度、规章、规则诸方面的约束，也是精神、文化、道德诸方面的激扬。中华民族形成的道德习俗有诸多规矩的成分。规矩是人生与社会不可或缺的组成部分。规则一般是指运行或运作规律所遵循的法则。规则也是组织共同制定并共同遵守的法则。规矩具有客观性，而规则具有主观性。规矩在于公平，规则在于公正。在市场经济条件下，企业参与市场竞争，有三类规则，即：市场进入规则、市场交易规则和市场退出规则。企业伦理建设要重视“守规矩，遵规则”。企业伦理管理是企业科学管理、行为管理向人性管理发展的高级阶段，伦理管理是激扬人性之善，克制人性之恶，从而使人的行为彰显人性，符合道德法度，适应社会经济发展规律。企业伦理管理也是企业文化管理的核心内容。企业参与经济活动，就必须遵守相应的规则，在共同遵守规则的基础上，实现发展的目标。中华民族历来主张德法并重。儒家倡导道之以德、齐之以礼、宽猛相济、德法互补。法家重视变法改革与社会实践，而且在集权统治方面卓有成效。法家主张法治、反对德治、认为利害关系决定一切。法家主要以人性恶为基础，强调“惩罚”“监督”与“奖赏”等思想。从汉代至清代，在我国两千多年的封建统治中，历朝历代大多实行“外儒内法”的指导思想，促进了儒法互济，逐渐形成了德法并重的思想倾向。在西方，古典管理学派曾经把人看成为一种简单的生产要素，认为他们没有思想，没有信念，只有获取报酬的欲望和服从命令的天性。然而，随着社会发展与进步，越来越多的事实证明，为企业创造价值与利润的工人不仅仅是“工”更是“人”。层出不穷的血汗工厂对工人的剥削与压迫，激化了阶级矛盾。在我国，也有唯利是图、丧尽天良的企业老板，工人以死抗争的事例也时有发生。严刑峻法不能稳定社会，也不可能促进企业伦理建设。因此，在全球化新时代，树立德法并重的规则观，以德治企，以礼齐众，依法治理，赏罚分明，对企业伦理建设以及企业健康、和谐、持续发展具有积极的意义。

5.2.5 慎思笃行的决策观

“慎思笃行”是中国传统儒家文化治学的根本方法。《中庸》上说：“博学之，审问之，慎思之，明辨之，笃行之。”其意思是说：必须广博地学习，审慎地询问，慎重地思索，明晰地辨析，踏实地履行，才能真正达到理想的学问境界和人生境界。长期以来，“慎思笃行”也养成了中国人在分析与解决问题，进行重大决策的慎思习惯与笃行风格。美国著名管理学家赫伯特·西蒙说：“管理就是决策。”决策一般是指从多个备选方案中，选择一个满意可行的方案，并通过计划、组织、领导、控制等执行方案。企业事事要决策，时时需决策，决策贯穿于企业经营管理活动之中。可以说，决策是企业管理的核心，决策关系企业的兴衰成败。任何重大的决策都需要审时度势，关键之时更要坚毅果断。孔子说：“人无远虑，必有近忧。”这是一种对待人生事业的审慎态度与未雨绸缪的远谋。事实上，任何决策若能顺势而为，乘势而起，量力而为，则接近成功了。若不能对形势进行科学的分析与判断，一味地冒险，即便侥幸成功，也必然导致最终的失败。企业在重大决策之前一定立足长远，审时度势，谋划全局，深入思考，科学分析；在决策过程中一定要反复掂量，权衡利弊，符合中道；在决策方案的抉择及执行中，更要果敢坚毅，一以贯之，认真执行。企业决策不仅关系企业的生存发展，也关系利益相关者乃至国家的长远利益。爱德华·弗里德曼等人指出：“几乎所有企业决策都使一些群体和个人受益，而使另一些人遭损；几乎所有的企业决策帮助一些群体实现其目的和计划，而妨碍另一些群体实现其目的和计划。”因此，企业决策需要合乎天道，合乎伦理，合乎人情，合乎国法。基于伦理的决策是符合天道与人道的抉择。伦理决策指在决策时，除了进行经济、技术及市场分析外，还需要进行伦理分析。弗雷德里克·B·伯德认为：“如果管理者能更多地意识到他们的价值观、社会准则和伦理规范，并把它们用于决策就可改善企业决策；如果决策时能考虑到社会分析和伦理选择，那么对管理者本身、企业和社会是有益的；各种伦理分析工具能帮助管理者做出更好的决策，更清晰地向利益相关者解释其行为的理由。”在决策中讲道德守伦理的核心是扬善止恶，造福企业，造福人群，造福社会。在决策中坚持慎思，是保证决策的周密性、科学性与可行性，笃行则是保证决策方案及相关措施的贯彻落实。可以说，树立慎思笃行的决策观是我国企业面对激烈竞争立于不败之地的法宝。

5.3 本章小结

中华圣哲具有丰富的伦理思想，儒道墨法及诸子百家的思想富有哲理。我国的传统伦理与文化包含丰富的经济思想与管理智慧，这些思想智慧在新时代中国特色社会主义建设中仍具有重要的借鉴价值。在当今企业伦理建设中，需要从孔子、老子、孟子、庄子、管子、墨子、荀子、韩非子等圣哲那里汲取智慧。不论是古代还是当代，生产、交换、消费和分配都是经济活动中的重要环节。在经济活动的各个环节树立正确的伦理观念，是保障经济运行的基础。我国古人在生产、交换、消费和分配中的伦理思想在当今的全球化与大市场中仍具有重要的借鉴价值。当今，我们必须坚持以习近平新时代中国特色社会主义思想为统领，继承弘扬中华优秀传统文化，促使我国广大的企业家及所在企业全面加强伦理建设，树立以人为本的仁爱观，义以生利的财富观，和而不同的竞争观，德法并重的规则观，慎思笃行的决策观。这不仅是企业健康、和谐与持续发展的基石，也是全面建成小康社会，实现中华民族伟大复兴中国梦的重要基础。

第6章

新儒商伦理

儒，是具有君子儒雅风范之人。儒雅之人，在社会阶层中受到尊重。作为儒者必须自觉、自敬、自爱，才能让他人觉悟，从而赢得他人的敬爱。一个人要自觉、自尊、自敬、自爱，就需要立于水天之旁，学习自强不息之道，笃行上善若水之德，时时刻刻滋润天地万物众生，与天地万物众生融为一体。

6.1 新时代需要新儒商

6.1.1 新时代引领新儒商

2017年10月18日，中国共产党第十九次全国代表大会在北京开幕。习近平总书记代表第十八届中央委员会向大会做了题为《决胜全面建成小康社会　夺取新时代中国特色社会主义伟大胜利》的报告，指出“中国特色社会主义进入了新时代”。新时代是马克思主义新的里程碑；新时代是习近平中国特色社会主义思想形成与发展的伟大时代；新时代还是实现中华民族伟大复兴中国梦的崭新时代；新时代更是中华民族由站起来、富起来到强起来的美好壮丽时代。

新时代推进全球化，新时代推动人类命运共同体，新时代促进中国特色社会主义全面发展，新时代推动市场经济健康、和谐、持续发展。新时代是中华优秀传统文化传承、弘扬与复兴的崭新时代。走向新时代是光明而曲折、艰苦而卓绝的，前进道路上充满着暗礁与险阻。这是全球政治、经济、文化与社会格局重组的新时代，诸国之间的角逐与利益诉求、激烈的国际市场竞争，正在考验着中华民族的信念与智慧。走向新时代，就要攻坚克难、共生共荣、勇往直前。新时代不仅对当今商业理念与经营模式提出了新的挑战，而且对商科人才培养也提出了新的要求。在新时代，企业如何经营？以什么样的理念和心态经商？以什么样的视角与方式重新认识世界？这是一个看似陈旧而又崭新的课题。尤其在全球竞争加剧及商业诚信危机四伏的当下，企业应树立什么样的经营观？弘扬哪些精神？中华传统文化如何与企业经营融合？这些问题显得愈加迫切而又十分重要。在伟大的新时代，我国的企业必须以习近平新时代中国特色社会主义思想为统领，坚持社会主义核心价值观，全面继承、普及、弘扬、创新中华优秀传统文化，切实提升我国高等学校的文化品位与综合竞争力，全力培育新时代的儒商。习近平总书记指出："培育和弘扬社会主义核心价值观，必须立足中华优秀传统文化。牢固的核心价值观，都有其固有的根本。抛弃传统、丢掉根本，就等于隔断了自己的精神命脉。博大精深的中华优秀传统文化是我们在世界文化激荡中站稳脚跟的根基。"新的挑战呼唤新的商人，而培养新的商人，关键是牢牢树立社会主义核心价值观，全面培育具有中华优秀传统文化底蕴的商业精神与商人品格。这需要政府、高校、企业及社会各界人士坚持不懈地学习、普及、弘扬儒学，大力推动中华新儒商卓越人才培养工程的实施与开展，全面培育中华新儒商，形成充满活力、独具特色的中华新儒商文化。要让我们的国家强起来，就必须让企业先强起来。而企业要做强，需要重视几个方面：一是人才；二是管理；三是资金；四是技术；五是互联网运营方式。其中，最为关键是人的精神与文化。人要有精神，管理要有灵魂，企业要有文化。这就需要从中华优秀传统文化中挖掘企业精神，尤其要挖掘儒商精神。

我们认为，“新儒商”是以习近平新时代中国特色社会主义思想为统领，秉承儒家伦理与文化，传承中华民族传统美德，融合德商、智商、胆商、财商和情商为一体，形成良善、睿智、担当、理财、权变等现代管理精神，适应全球化与市场需求，为社会发展服务的商人、经营者和管理者。把握新儒商的深刻内涵，需要重视以下几点：一是新儒商是实现中华民族复兴中国梦的现代经营管理者，是勇于担当并履行社会责任，报效国家的经营管理者群体。二是新儒商是具有仁爱之心，坚持诚信为本，具有创新意识和感恩品格，勇于进取的高素质管理人才。三是新儒商是具有崇高的理想、诚信的道德、创新的精神、渊博的知识、科学决策与勇于创业的能力，德才兼备与身心健康的人才。四是新儒商高瞻远瞩，以发展实业、满足并引导顾客需求、真诚地服务社会为宗旨，以“众善奉行”为人生价值追求，以“诸恶莫作”为道德底线，以报效祖国为使命，以世界和平为理想境界。

6.1.2 儒商释义

《说文解字》对“儒”的解释为：“儒，柔也，术士之称。从人，需声。”我们认为：“儒，人需也，需人也。”

“儒”之根在“需”，“需”是心，也是物，是心物合一。需，内刚外柔，刚柔相济。人之需，像天一样刚健，所谓刚需也；人之需像水一样柔韧，所谓柔需也。刚柔相济表现出刚毅、坚卓、包容和自强的韧性来。人之需为儒，需之人崇儒。儒，还要学习上善若水，润己润人润物；在做人做事上，要做到自强不息；在待人处世上，要做到谦虚包容。

商是一个常用字。东汉许慎在《说文解字》上说：“商，从外知内也。”商，有内在的本质，从商的外在表现形式可以认识商的内在本质。

俗话说："人向高处走，水向低处流。"金钱财富就像水一样流动，水流而动，才是活水，才是好水，滋润万物；若水不流动了，就是一潭死水，就会因腐而变质，污水不仅不能滋润万物，还会毒害生物。财富作为水，道理同此。兼善天下，同济人群，才能滋润苍生。经商就要通水性，明财理，担风险，善舟楫。敢于冒险、勇担风险不仅是一种信念与意志，也是一种综合能力与素养。经商不可能永远一帆风顺，难免会坎坎坷坷，遭遇难以预料的凶险。经商要突破艰险，化险为夷。就要树立"上善若水"的理念，兼善天下，利益社会，同济人群。经商还要树立义薄云天、肩挑道义的信念。自古就有"天道酬勤"之说，但很多商人却不知"商道酬信"之理。"信"是商业之基，"信"是商道之魂，"信"是商海之舟，"信"是商人之本。所谓本立而道生，以"信"为生命，以"信"为根本，取信于人，则通达经商之道矣。当今，经商要在全球市场竞争中抓住机会、避开威胁，还需要学习老子《道德经》上的"水之七德"，即"居善地，心善渊，与善仁，言善信，政善治，事善能，动善时。"具体地说：①居善地。其表面意思是选择善地，就水而言，善地就是低洼之地。经商不是往上走，而要为中下层的老百姓服务，满足其需求。经商也是行善，为老百姓谋幸福，就是善良心地。②心善渊。水多积聚在洼地，才形成渊，心像渊一样深邃广大。经商之人有容乃大，心胸广大，格局宽大，才能成就大事业。③与善仁。水遵循天地之道。天地之善，作用于你我。大道在人，大道在地，大道在天，大道在心。仁善之道是人道，也是天地之道。经商要有仁爱之心，要有百姓之心，要有天地之心。④言善信。大道无言，天地有信。天道酬勤，商道酬信。道存本真，天地立德，人间立信。经商就要我为人人，人人为我。⑤政善治。正者，平也。经商贵在公平。古代的"秤"[①]则寓意买卖公平、人间和平、天下太平。做

① 传说木杆秤是鲁班运用杠杆原理发明的，再根据北斗七星和南斗六星在杆秤上刻制十三颗星花，定为十三两一斤。秦始皇统一六国后，添加"福禄寿"三星，改成十六两一斤。成语"半斤八两"，古代一斤为十六两，半斤当然就是八两。

人要正，经商要正。正己化人，正文善治。正心才能正身，正文才能正商。商道正正奇奇，正心正文，奇谋奇策，正奇本一，利他利己。⑥事善能。水随圆就方，人外圆内方。天地善能，人心良能。以善为能，则正能也。经商要效法天地善能之道，激发内心良知良能。⑦动善时。水因时令而变，或云或雨，或冰或霜，有形而无形。商业有形，产品有形，而商道无形、商神无形。经商要顺应市场变化之道，预测市场需要，引领顾客消费。

6.1.3 中华新儒商

中华新儒商是以习近平新时代中国特色社会主义思想为统领，以社会主义核心价值观为精神支柱，并表现出全球化及社会主义市场经济的时代特征。习近平总书记在党的十九大报告中指出："中国特色社会主义文化，源自中华民族五千多年文明历史所孕育的中华优秀文化，熔铸于党领导人民在革命、建设、改革中创造的革命文化和社会主义先进文化，根植于中国特色社会主义伟大实践。""中华新儒商"是传承中华优秀传统文化，具有良心、良知与良能的商人群体，也是践行社会主义核心价值观的企业经营管理者。中华优秀传统文化是根脉，社会主义核心价值观是源泉，二者相辅相成、相互激扬。中华新儒商卓越人才培养工程是一个复杂的社会系统工程，需要党和政府的指引，需要学者的研究，需要企业的实践，需要高校的改革，更需要人民群众的支持。实施新儒商工程，需要界定"中华新儒商"的科学内涵。

（1）中华新儒商是以习近平新时代中国特色社会主义思想为统领，以社会主义核心价值观为精神支柱，继承弘扬中华优秀传统文化，学习借鉴国外先进管理与技术，促进企业与利益相关者共生、共赢、共享与共荣，推进我国经济与社会的和谐发展。

（2）中华新儒商是适应全球化与社会主义市场经济发展的新时代中

华商人群体。中华新儒商具有仁爱之心和良知良能，能够主动适应新时代变革，革故鼎新，不断创新，以新的理念与坚定的信心，切实把握市场发展趋势，抓住机会避开威胁，在全球化浪潮中积极地进行管理与科技创新。

（3）中华新儒商应具备良好的综合素质，实现道德、知识、能力与创新意识的统一，实现自强不息与厚德载物的统一，实现企业精神与企业行为的统一，实现经营理念与生产活动的统一，实现良知与善行的统一。

（4）中华新儒商继承弘扬中华民族精神，奉行“君子爱财，取之有道”的价值尺度，坚持以人为本、义以生利、诚信经营、共生共荣、和谐发展。

（5）中华新儒商高瞻远瞩、发展实业、服务社会、坚守道德底线，勇于承担社会责任；中华新儒商要以热爱祖国、造福人民、奉献社会，报效国家为远大理想，为实现中华民族伟大复兴的中国梦而奋斗。

6.1.4 新儒商工程

中华新儒商人才工程旨在为中华民族培养、造就继承弘扬中华优秀传统文化的新儒商，是党和政府引领，商人参与，高校商科教学改革与创新的社会系统工程。它以马克思主义、毛泽东思想、邓小平理论、“三个代表”重要思想和科学发展观为指导，以习近平新时代中国特色社会主义思想为统领，以社会主义核心价值观为精神支柱，以中华民族伟大复兴的中国梦为宏伟目标与愿景，以中华优秀传统文化为底蕴，继承并弘扬传统商业伦理与文化，去除中国奸商文化之糟粕，借鉴并汲取西方先进科技文化之精华，通过道德机制的宣传与约束，以及法律机制的引导与纠正，培养造就出能够适应全球化与社会主义市场经济发展的新型经营管理者。新儒商工程作为复杂的社会系统工程应包括：目标系统、价值系统、知识系统、能力系统与行为系统等。中华新儒商卓越人才培养工程作为中国社会主义市场经济发展到一定阶段的产物，它的最终目的是通过培养具有中华民族精神的新儒商群体，完善市场经济，壮大中国企业，提升企业经营管理者的素质，从而实现企业健康持续与社会和谐发展。中华新儒商卓越人才培养工程具有以下几个方面的特点：

（1）时代性。中华新儒商卓越人才培养工程作为社会系统工程，不仅要坚持社会主义核心价值观，还要继承、挖掘、弘扬儒家文化中“仁、义、礼、智、信”等内在精神价值，把优秀传统文化与当代社会经济发展有机结合起来，挖掘新的内涵，赋予新的时代特征。

（2）融合性。中华新儒商卓越人才培养工程是东西方文明融合与共生的过程。融合性表现为东西方伦理、管理、科学、技术、教育、艺术与文化诸方面的交融、渗透与升华。

（3）系统性。中华新儒商卓越人才培养工程的根本是人才培养工程，这是一个滚动、变化、发展的复杂社会系统工程。新儒商工程具有目的性、层次性、相关性和动态性。

（4）创新性。变易是自然规律。中华新儒商卓越人才培养工程需要在继承中扬弃，否定之否定中整合创新，从而适应自然环境的变化与社会环境的变迁。这种创新不仅是企业经营模式方面的创新，还包括企业伦理与道德、精神与文化诸层面全方位的创新。

因此，中华新儒商卓越人才培养工程不仅要挖掘以儒家文化为主流的传统文化的核心价值，批判地继承与弘扬以传统儒家文化为主流意识的商业精神与文化，还必须借鉴吸收古今中外一切文明为我所用，在共生、融合、创新中发扬光大，在继承与弘扬中守正创新。

6.1.5 新儒商与传统儒商之对比

中华新儒商是相对传统儒商的概念。我国自古以来，历朝历代的诸多商人就有儒的精神与风范。但传统儒商是建立在自给自足的农业社会，以农为本而以商为末，儒商并未受到足够的重视。所谓中华新儒商是指把传统美德与由市场经济以及全球化背景所滋生的道德观念有机结合起来，尊重人的价值，实行人格化管理的，能够适应现代市场经济和全球化的经营者和管理者。新儒商要求经营者讲道德、重文化、善理财、会管理、创效益，具有综合创新能力，具有现代市场意识与生态意识，区域意识和全球意识等。“新儒商”与传统儒商有着明显的区别（见表 6-1）。

表 6-1 新儒商与传统儒商对比分析表

	传统儒商	新儒商
历史背景	两千多年来，传统儒商产生并根植于自给自足的生产方式和“重农抑商”的社会环境中。端木赐（子贡）是最早的儒商之一	新儒商产的背景是全球化，中国的改革开放、社会主义市场经济发展的社会环境，商业成为现代经济与社会发展的“火车头”
规模范围	有历史局限性，尽管儒商得到社会的认可，由于封建社会“重农抑商”，不鼓励人们经商，所以普及性较差	新儒商作为适应全球化与中国特色社会主义市场经济的产物，受到人们的推崇，有较强的普遍性与适用性
地位作用	传统儒商社会地位低下，处于“士农工商”的末位，对社会发展的作用相对较小，而且传统儒家文化里“君子喻于义，小人喻于利”及“学而优则仕”的观念并不鼓励有道德、有学识、有头脑的人去经商	现在社会，鼓励人们经商，一些有道德、有文化、有能力、懂管理的新儒商受到社会的重视，而且在社会经济发展中大有用武之地，对社会也很有帮助。新儒商也是弘扬中国精神，实现中国梦的商人群体
精神支撑	传统儒商主要以孔孟等儒家仁义礼智信为精神源泉，以和谐文化为精神支柱，坚持“以义生利”，“义然后取”，“君子爱财，取之有道”	新儒商以习近平中国特色社会主义思想为统领，在继承弘扬以儒家为主的传统文化的基础上，吸收借鉴世界优秀文化和管理经验，形成中国商业精神与社会责任理念

6.2 实施新儒商工程的意义

6.2.1 实施新儒商工程是适应新时代的需要

在 21 世纪，建立和进一步完善社会主义市场经济，有利于加快我国现代化的步伐。市场经济是竞争经济，也是利益经济，还是法制经济，更是道德经济。它的基础是伦理有序、经济自由、开放竞争、社会公平。近年来假冒伪劣、坑蒙欺诈、非法牟利等时有发生，食品、药品以及各类产品经营中触犯法律红线和道德底线的问题层出不穷，如转基因食品的泛滥成灾以及食品药品等商品的安全性。这不仅给消费者、企业、政府、社会带来了巨大损失，也给全社会上演了一堂生动的商业伦理课，留下了令人痛心的思考。对此，不仅要加强法制建设，更要加强道德教育，重构新时代商业文明，以适应中国特色社会主义新时代。习近平总书记指出："国无德不兴，人无德不立。一个民族、一个人能不能把握自己，很大程度上取决于道德价值。"实施中华新儒商卓越人才工程要坚持以德为先，不仅要培养知法、懂法、守法的新儒商群体，更要培养具有中华民族的仁爱、诚信、忠义，不忘初心，敢于担当，砥砺前进，能履行社会责任，具有宽广胸怀与高尚品德的商人群体。培养中华新儒商有利于提升商人与消费者的道德水平，有利于加强商业道德和精神文明建设。中华新儒商卓越人才培养是笃行社会主义核心价值观的伟大实践，是社会主义市场经济健康持续发展的强力保障。

6.2.2 实施新儒商工程是适应经济全球化的需要

经济全球化带给我们的不仅仅是美国的可口可乐和德国的宝马，还有经济的冲突、管理的碰撞、文化的博弈和全球利益格局的重组。愈演愈烈的中美贸易战给我们上了一堂生动的思想伦理课。全球化不是一帆风顺，中国崛起更需披荆斩棘。在中华民族伟大复兴的进程中，还有诸多暗礁与陷阱，还有诸多风险与挑战。全球化、市场化、信息化与智能化凸显更多的制高点，高等教育是抢占制高点的基础平台。高等教育资源的全球化配置，正在推进新的人才培养格局与模式。我国高等教育必须坚持"教书育人做学问"的理念，回归教书本分，担当育人责任，笃行做学问的使命。高校在商科人才培养中，不仅要避免高分低能问题，更要警惕“重才轻德”问题。当今，高等院校为社会培养了四类人：一是德才兼备者，这是优品；二是德高才具者（即德高于才），这是良品；三是无德无才者，这是废品；四是缺德才具者，这是毒品，也是危险品。尽管第三和第四类人是少数，但必须予以高度重视。高等学校若不能切实弘道求真、立德树人，就会向社会输送更多的废品、毒品或危险品。这对个人、家庭、经济、社会都极具危害性。而要树立良好的商业风尚，必须端正商科人才培养之风，建立中华新儒商卓越人才培养基地。这要求实施中华新儒商工程，着力培养新时代的儒商，形成具有中国特色的人才竞争优势，从而适应全球化、管理变革与商业革命的客观要求。

6.2.3 实施新儒商工程是深化高校商科教育教改的需要

习近平总书记在十九大报告中指出：“文化是一个国家、一个民族的灵魂。文化兴国运兴，文化强民族强。”大学不仅是文化载体，也是精神高地，还是人类文明的魂魄。重塑我国大学精神，弘扬文明，创新文化是当务之急。大学是一种精神存在，也是追求文明创新文化的殿堂。正因为这种精神，大学才得以存在并历久弥新。然而，当今我国的不少大学正从神圣滑向庸俗，大学的功利主义倾向并不比企业差，拜金主义肆虐，个人主义盛行，腐败现象层出不穷，文化高地出现塌方，的确令人揪心。而越来越多的受教育者把接受优质的高等教育当成了找工作挣高薪的筹码，而淡化了家国情怀，缺少远大理想，难以担当重任，并没有把追求真理、提高涵养、教养、学养和修养作为求学的要务。因此，在东西方文明博弈与共生的当今，坚持文化自信，重塑大学精神，振兴高校文化迫不及待。实施中华新儒商卓越人才培养工程旨在为中华民族培养忠于祖国、敢于担当、不怕吃苦、不怕困难、经世济民的新儒商群体。培养新儒商也是重塑大学精神，深化商科教育教学改革的必然选择。重塑大学精神，一方面要重视现代文化进入大学校园，另一方面也不能忽视中华优秀传统文化的继承与弘扬。我国传统儒家文化中的“有教无类、因材施教”是高等教育的活水源头，而“笃信好学，守死善道”更是坚定信仰凝练精神的神圣追求。教师与学生都应该用生命去追求真理、实现理想、捍卫正义、勇于担当。新时代的大学精神不能没有传统文化的给养，而实施中华新儒商卓越人才培养工程正是重塑大学精神的教育实践活动，是重塑大学精神的新长征。重塑大学精神离不开商科教育教学与人才培养模式的改革，而中华新儒商卓越人才培养工程将成为商科人才教育教学改革的重中之重。笔者认为，商科人才培养应坚持以德为先，德商、智商、情商、胆商和财商“五商”并举，形成良性、健康、和谐、共生与持续的发展模式。

6.3 “五商”并举培育中华儒商

培育适应新时代的中华儒商，不仅关系到我国现代商业的持续与发展，关系到社会经济的和谐与进步，还关系到中华民族的伟大复兴。新时代需要培养新儒商，新时代需要弘扬中华优秀传统文化，形成德商、情商、财商、胆商、智商和谐运行的新模式，为我国新时期商业健康、和谐、持续发展注入新的生机，生长新的生命力，形成新的商业伦理、道德与文化。

培育适应中国特色社会主义新时代的中华儒商，要坚持以德为先，重视“德商、情商、财商、胆商、智商”等“五商”并举。中国人民大学葛荣晋教授（2007，2009）认为，要培育现代儒商，需要将古代儒家思想融入我国社会经济发展与企业管理人才培养之中。葛荣晋先生率先提出了“智商”“德商”“胆商”和“情商”四位一体的儒商人才品格。笔者在葛先生所倡导的儒商人才“四商”基础上，增加了“财商”，赋予“五商”中华民族特有的精神与文化。

6.3.1 以仁引领德商

1996年，美国哈佛大学罗伯特·科尔斯教授在其著作《孩童的道德智商》中提出了德商的概念。2005年，美国的道格·莱尼克（Doug Lennick）和弗雷德·基尔（Fred Kiel）在著作《德商：提高业绩，加强领导》中明确了“德商”的内涵，强调“做正确的事”需要道德素养与道德能力。2011年，美国的布鲁斯·温斯顿在著作《德商：为什么比情商和智商都重要》中，不仅对“德商”的概念进行了具体详细的阐述，而且强调了德商比情商、智商更重要。德商（Moral Intelligence Quotient，英文缩写为MQ），一般是指个人的品德、品质、气质、人格、作风及其商数的简称。在“五商”中，德商居于统领地位，具有引领情商、财商、胆商、智商的作用。

培育中华新儒商以仁为先，以“德商”为基。“仁”为儒家核心理念，“仁”是忠恕思维，也是换位思考的方式。经商要将心比心、不昧良心。一个有仁爱之心的商人要懂得敬畏，学会敬畏，常怀敬畏之心。敬畏天地，爱护自然万物；敬畏顾客，爱护顾客，顾客就是衣食父母；敬畏员工，关爱员工，员工是企业财富的创造者；敬畏党，热爱党，敬畏祖国，热爱祖国，党和国家政府引领商人在商业发展中向上、向善、向前。

6.3.2 以礼引领情商

1990年，耶鲁大学的心理学家彼得·萨洛维和他的合作伙伴新罕布什尔大学的约翰·梅耶共同提出了情商的概念。1995年，美国的丹尼尔·戈德曼在《情商：为什么情商比智商更重要》一书中，系统地阐述了情绪智力的重要性，引起世人的广泛关注。1997年，我国的学者引入了情商理论。丹尼尔·戈德曼认为，长期以来，经济社会过于强调“思维”智力的重要性，而对情商重视不够。丹尼尔·戈德曼不仅厘清情商内涵，还从科学认识领导效力视角，论述了情商与智商的关系。情商（Emotional Intelligence Quotient，缩写为EQ），一般是指情绪、意志、意识、耐挫力以及自我激励等方面智力商数的简称。情商也是一种自我情绪、情感综合控制能力的指数，主要包括情绪、情感、信心、抗挫折等诸多因素。“情商”一词，其汉语意思是“情绪智慧”或“情绪智商”。在汉语中，“智慧”是一个常用词。笔者认为，“智”对应“智商”，而“慧”则对应“情商”。“慧”就是经常反思自己，能用“扫帚”反扫自心，不断清除内心之“垃圾”。

6.3.3 以信引领财商

在《富爸爸穷爸爸》这书中，美国的罗伯特·T.清崎（Robert T. Kiyosaki）最早提出了“财商”一词。财商（Financial Intelligence Quotient，缩写为FQ），其本意即“金融智商”，是指个人认识、创造和管理财富的综合能力。财商是继智商、情商之后现代“社会人”应具备的基本素养之一。财商反映是人作为“经济生物”在现代经济社会中生存发展的某种能力。财商一般包括创造财富和驾驭财富两个方面的能力，还包括阅读理解财务数字、投资生财、市场供求和会计税法等四个方面的技能。我国财商教育的领航者汤小明将“财商”定义为：“一个人与金钱（财富）打交道的能力。”也可以说，财商就是一种创造财富驾驭财富，在市场中能够生财有道的综合能力。人生在世，不论是家庭生活，还是经商创业，都需要钱，也离不开钱。财商不仅反映了一个人对稍纵即逝生财机遇的把握与运用，也反映了一个财势与财运在特定时空的走向与趋势。我国古人倡导的“君子爱财，取之以道”就是一种财富取予的价值尺度。这一价值尺度不仅强调了财富的创造与获取，还强调了财富的使用与处置。财富源于社会，也应该回报社会。我国古代的范蠡与子贡等人，不仅深谙生财之道，还深谙“取予之术”，从而生成了“取之于民，用之于民”人生智慧。“取予之术”的根基就是商道，凝聚着代代相传的儒商精神。

我们都知道“天道酬勤”，但却未必知道“商道酬信”。古今中外，信是商道之本，信是经营之魂。讲诚信，遵守诚信，笃行诚信，就是新儒商之根本。在全球化与市场经济中，诚信是企业管理的灵魂。企业、政府、消费者都讲诚信，重诚信，守诚信，行诚信，心中自然少了些虚妄，交易中也自然减少了一些欺骗，市场交易的成本也就会有所降低。做人经商一旦学会了“信”字，守住了信誉，也就有了立足之地，自然能立德、立言、立功。企业也自然造福人群，利益苍生，可谓功在当代，利在千秋。“信实”一词形象地告诉世人，守住了“信”，才能结出甘美的果实。才能在构建商业共同体的过程中实现共生、共享、共创、共荣与共赢。

6.3.4 以义引领胆商

胆商是继智商、情商之后提出的新概念。2001 年，中欧国际工商学院的教授较早地提出了“胆商”这一概念。胆商是对胆量、胆识、胆略的度量，也是某种智力商数。胆商不仅反映了一个人的胆识、胆量、胆略与胆魄，而且还反映一个人或一个组织的创新意识、竞争理念、创造能力、挑战能力、竞争实力与冒险精神。俗话说“艺高人胆大”。在竞争加剧的今天，胆商具有重要的意义。胆商必须以德商和智商为基础，以个人气度与胆魄为两翼，善于决策，勇于决断，敢于担当，敢为人先。胆商也是个人在更高更险的层次与境界上的具体表现，有胆者，敢于冒险、勇于担当、善于决断之人。有德商和智商，在配以胆商，就能抓住机遇，避开威胁，勇担重任，勇往直前。人们常说“不以胜败论英雄”，不论胜败，敢于冒险，敢于奋争，就是有胆之人。三国时期的赵子龙在长坂坡“七进七出”的拼杀，就表现出浑身是胆的英雄气概。关云长“单刀赴会”更是忠肝义胆，传颂千秋。

培育中华新儒商要以“义”引领胆商。“义”大致有三层意思：一是应当、正当、合理、合宜；二是适宜、适度、适当；三是正道、正义、正式、正为。由此，“义”可以引申为义理、义务、大义、正义和公义。尚义者，弥足珍贵。培育中华新儒商，就要心怀大义和正义，时时考虑公义和道义，先义后利。坚持“义以生利”不仅是儒学的传承，也是文化自信的重要表现。

6.3.5 以智引领智商

智商是指智力商数，也是用以衡量个人智力高低的标准。1905 年，法国心理学家比奈·阿尔弗雷德（Binet Alfred）和他的学生西蒙编制了世界上第一套智力量表。2006 年，理查德·林恩教授出版了新书《种族智力的差异：一种进化分析》。1914 年，德国心理学家施特恩提出了智商的概念。1916 年，特曼教授将比奈·阿尔弗雷德制定的智力量表介绍到美国，并将该套量表进行了修订，命名为斯坦福—比奈智力量表。它是通过这些量表用来测试个人不同年龄段的智力水平。智商主要反映人的认知能力、思维能力、语言能力、观察能力、计算能力和律动能力等。智商不仅是个人智力的体现，还是个人价值实现的重要基础。智商水平高低，不仅反映了个人的知识结构与智力水平，还反映个人的创新意识、认知能力、计算能力与表达能力等。

培育中华新儒商要以“智”引领智商。儒家的“智”不仅是智力的高低，更是一种做人做事、明辨是非与善恶的智慧。所谓“智”就是日日学习知识、增长见识，把知识转化为智慧的过程。儒家所倡导的“智”不是孤立的，而是以“仁”为基础，与“义”“礼”“信”紧密结合在一起。儒家的“智”以“仁”为核心，人之大智自然生仁。离开了智慧，就无法经商。财富永远像水一样流动，在人与人之间流转，在天地之间循环往复。经济就是“经世济民”，一个“济”字，就充分体现了“水”之圣德，体现了人之智慧。管理之智慧源于良知与仁心。智慧是以良知与仁心管理自心，从而产生谋略。智慧反映人之本性，大智慧就要继承弘扬人之良善，弘仁尚义。企业管理中真正的智慧其本质就是仁爱。通过“致良知”而滋生仁爱，正己化人，才能达到较高的管理境界，产生“取之于民，予之于民”的人生智慧。

6.4　本章小结

新时代，新梦想；新儒商，新风尚。以习近平新时代中国特色社会主义思想引领新儒商、培育新儒商、造就新儒商。培育新儒商要在继承弘扬中华优秀传统文化的基础上。不断地推陈出新。儒者，尊天道，自强不息；商人，立世德，上善若水。新儒商要坚持“自强不息，上善若水”。新儒商要重视“五商”并举。

第 7 章

企业文化赋能

家庭是社会基本单元，家庭需要夫妇和合、刚柔相济、阴阳互补，以化成人伦。企业也需要加强文化建设，通过人文化成，从而为企业凝心聚力赋予良善动能。

7.1 文化诠释

7.1.1 望文生义

《尚书·舜典》疏曰："经纬天地曰文。"《礼记·乐记》上说："五色成文而不乱。"《说文解字》上说："文，错画也，象交文。凡文之属皆从文。"这句话是说"文"是"交错而画的花纹"。由此可见，"文"之本义为"花纹""纹理""文饰"等。《上六象》上说："君子豹变，其文蔚也。"此处之"文"是指虎豹身上之皮毛因不同颜色相间而形成的花纹。此外，花鸟虫鱼皆有花纹，山川河流皆有纹路。天地阴阳相间，也形成不同的纹路。上古时期，中华民族的祖先因敬畏或仰慕自然纹路而有"文身"的习俗。《礼记·王制》记载："东方曰夷，被发文身，有不火食者也。"《庄子·逍遥游》上也说道："越人断发文身。"此处之"文"字意指"文身"。由天地自然之纹路，到花鸟禽兽之花纹，到上古人类之文身，“文”字演化出“天文”“水文”“人文”等诸多文理来。

天地阴阳皆有纹路，自然界的万象万物皆有纹路。纹路是天地万物之象，是对自然轨迹的描绘。阴阳，是自然现象，也是最基本的纹路与轨迹。文也是古代之符。上古之时，符文一体。所谓文，就是指天地自然界中的一切现象或形象。伏羲老祖一画开天，就是天文也。《尚书序》上说：“依类象形，故谓之文。其后形声相益，即谓之字。”《说文解字》之序也说：“仓颉造书，形立谓之文，声具谓之字。”先有文，后有字；先望文，后生义；先学文，后明理。圣人仓颉正是按照天地自然、山川河流、鸟兽行迹等“纹路”造出了古代文字。

7.1.2 文以载道

文有天文和人文之分。所谓天文，就是指自然现象，由各种力量交互作用而形成的错综复杂、多彩多姿的自然世界。由天文而感悟人间之“文”则谓之人文。所谓人文，是指自然现象经过人的认识、琢磨、转化、改造、重组的活动。人文也指人伦社会规律，即社会生活中人与人之间纵横交错之关系，如父子、君臣、夫妇、兄弟、朋友就是人间伦常之文。

中唐时期大文学家韩愈倡导古文运动，就提出了“文以明道”。后来经宋代理学家的解释与完善，提出了“文以载道”。周敦颐在《通书·文辞》上说：“文所以载道也。轮辕饰而人弗庸，徒饰也，况虚车乎。”“文以载道”之意思是说，“文”就像一部车子，“道”就像车上所载之物，通过车的运载，就可以达到“明道立德”之目的地。文化的产生、传播与发展，正是车轮滚滚向前，不达目的地而不休。

7.1.3 文质彬彬

一个人不仅要有外在之礼，还要有内在之仁，自然内外一体，身心和谐，表现出文质彬彬的姿态与德行。这是成就君子人格与品格的基础。“文”与“质”的关系是外在表现和内心道德的关系，是“礼”与“仁”之间的关系。也就是说，内在之仁德通过礼仪适当地表现出来。“文”与“质”的关系还是“小人”与“君子”之人格的关系。“小人”偏重“文饰”，偏爱自我表现；而“君子”更重内在品格，刚毅木讷，内在本质与外在表现相统一，在不同的场合，皆能恰当地表现。一个人只有具备仁德之内在品格，同时又能合乎“礼”，并适当地表现出来，方能成为“君子”。“君子”是孔子所竭力推崇的理想人格。孔子既不主张质偏胜于文，也不主张文偏胜于质，而是主张“文”与“质”之间不偏不倚、允执厥中。所以不论是一个人，一个家庭，还是一个企业，乃至一个国家，都存在“质文兼备”“文质得中”这样的重要问题。中华民族拥有五千多年的文明史，要实现文化复兴，必须坚持文化自信，而要文化自信，则要“文质得中”。

7.1.4 人文化成

“观乎人文，以化成天下”其关键是这个“化”字。“化”是会意字，“化”字之古字为“匕”。《说文解字》上说：“匕，变也。”“化”字的本义为：改变、变易、生成、造化等。《庄子·逍遥游》上说：“化而为鸟，其名曰鹏。”《黄帝内经·素问》上说：“化不可代，时不可违。”《礼记·中庸》上说：“可以赞天地之化育”。《说文解字》上说：“化，教行也。”意思是说“化”贵在“教”和“行”。先教后行，不教不行，教化而行。《说文解字》上说：“教，上所施下所效也。”《礼记·学记》上说：“教也者，长善而救其失者也。”《国语·周语》上说：“教，文之施也。”“教”字，左边为“孝”，右边为“文”，先孝后文，以孝统文，正是“仁”与“礼”之关系。可以说，“化”指事物形态或性质的改变，“化”还引申出“教行迁善之义”。文化重在感化，先感化自己，才能感化他人，从而感化天下之人。

“文化”一词是一个内涵很广的概念。“文化”乃“人文化成”词语之缩写。就文化之字义来说，“文”就是“文饰”，可引申为“记录，表达和评述”；“化”就是“变易”，可引申为“分析、理解和包容”等。文化的特点为：有历史，有内容，有故事。在汉语系统中，“文化”的本义就是“以文教化”。要实现教化，先得感化。文化既有活生生的人与物，也有感人至深的情与理。文化具有一种催人向上的内生力量，能够感应人、感动人、感化人、教化人。文化可以内化于己，外化于人，达到教化之目的。文化能够陶冶人的性情，提高人的涵养、修养与教养，提升人的品德，扩大人的心胸与格局，从而为人的精神注入活力与动力。

随着历史的变迁以及区域空间上的差异，“文化”也逐渐演变为一个内涵丰富、外延宽广的多维概念，也成为众多学科探究、阐发、争辩的对象。我国的《辞海》对文化的解释就有广义与狭义之分。广义的文化是指人类在社会实践过程中所创造的物质财富和精神财富的总和。狭义的文化是指意识形态以及与其相应的制度、组织机构。

1871 年，英国文化学家泰勒在《原始文化》一书中提出了狭义文化的早期经典学说。泰勒指出：所谓文化或文明乃是指知识信仰、艺术、道德、法律、习俗以及包括作为社会成员个人而获得的其他任何能力、习惯在内的一种综合体。法国思想家、哲学家卢梭认为：文化是风俗、习惯，特别是舆论。美国人类学家克拉克洪和凯利认为：文化是指共享的普遍持有的一般信仰和价值，它为一个群体定义了什么是正确的。克拉克洪和凯利把文化看作是“历史创造出的、清晰和不清晰、理性、非理性和不理性的所有生活图式”，这种图式在任何给定的时间都作为一种人类行为的潜在指导而存在。

后来人们才把“文化”引申为个人修养、社会知识、艺术作品和一定时代的社会生活等。《大英百科全书》（1973—1974 年）将文化概念分为两类：第一类是“一般性”的定义，将文化等同于“总体的人类社会遗产”；第二类是“多元的、相对的”文化概念，即“文化是一种来源于历史的生活结构的体系，这种体系往往为集团成员所共有”。它包括这一集团的“语言、传统、习俗和制度，包括有激励作用的思想、信仰和价值，以及在物质工具和制造工具中的体现”。概括地说，文化是一系列的习俗、规范和准则，起着规范、导向和推动社会发展的作用。

7.2 企业文化

7.2.1 企业文化内涵

企业文化（Corporate Culture）是一种亚文化，是社会文化在特定企业的具体反映与体现，也是某个企业在生产经营与发展过程中所形成的具有核心价值导向的文化管理模式。企业文化是特定的企业在其生产经营实践中所形成的理念、价值观、经营观和行为准则。企业文化是一个企业的灵魂，时时刻刻都在彰显着企业生命力。企业文化也是一个营利性组织由其价值观、信念、仪式、符号、处事方式等组成的其特有的一种文化形象，彰显企业的精神风貌。企业文化体现了以人为本的管理思想。也可以说，企业文化折射出一个企业的精气神，是企业向上、向善、向前的精神力量。

现代管理学之父、管理大师彼得·德鲁克（Peter F. Drucker）于1974年出版了《管理——任务、责任、实践》。德鲁克指出：“管理以文化为基础。”麦肯锡7S模型（Mckinsey 7S Model），简称7S模型，是由麦肯锡顾问公司研究中心设计的企业组织七要素。该模型指出，企业在发展过程中必须全面地考虑各方面的情况，包括结构（Structure）、制度（System）、风格（Style）、员工（Staff）、技能（Skill）、战略（Strategy）和共同价值观（Shared Value）。“共同价值观”则属于企业文化之范畴。

第二次世界大战以后，日本经济在一片废墟中开始起步并逐渐复兴。日本的企业提出并逐渐形成了“社训”“社是”“团队精神”，为“企业文化”概念的形成与发展奠定了基础。日裔美籍管理学家威廉·大内1981年在美国爱迪生维斯利出版公司出版了《Z理论——美国企业界怎样迎接日本的挑战》（Z Theory）一书。在这本书中，他提出Z理论，并最早提出了企业文化概念，其研究的内容为人与企业、人与工作的关系。威廉·大内指出：管理文化的核心是使工人关心企业。他认为日本企业成功的秘诀是日本的企业组织和文化，这种企业文化的核心是重视人的因素。威廉·大内认为，企业文化是“进取、守势、灵活性——即确定活动、意见和行为模式的价值观”。

20世纪80年代末，美国哈佛商学院约翰·科特教授和哈佛商学院的另一位教授詹姆斯·赫斯克特合作了长达五年的时间，出版了《企业文化和经营业绩》。他们认为，企业文化是指一个企业中各个部门，至少是企业高层管理者所共同拥有的那些企业价值观念和经营实践。企业文化是指企业中一个分部的各个职能部门或地处不同地理环境的部门所拥有的那种共同的文化现象。他们认为，企业文化（包括内在的共享价值观及外显的行为规范）对长期经营绩效有巨大的正相关性，企业长期经营绩效的好坏与企业文化的强弱无关，而与企业文化是否适应外部环境变化有关，而提升绩效的文化需要管理层长期的努力。

1981年7月，美国哈佛大学教育研究院的教授特雷斯·迪尔和麦肯锡咨询公司顾问阿伦·肯尼迪在长期调查研究的基础上出版了《企业文化—企业生存的习俗和礼仪》一书。该书成为阐释企业文化的经典之作。特雷斯·迪尔和阿伦·肯尼迪认为，企业文化是价值观、英雄人物、文化仪式、文化网络、企业环境。企业文化包括五个要素：

（1）价值观。是指企业内成员对某个事件或某种行为好与坏、善与恶、正确与错误、是否值得仿效的一致认识。价值观是企业文化的核心，统一的价值观使得企业内成员在判断自身行为是否合适之时具有统一的标准，并以此来选择自己的行为。

（2）英雄人物。是指企业文化的核心人物或企业文化的人格化，其作用在于在企业内树立活的样板，给企业中其他员工提供可供学习、仿效的榜样，这对企业文化的形成和强化起着极为重要的作用。

（3）文化仪式。是指企业内的各种表彰、奖励活动、聚会以及文娱活动等。它可以把企业中发生的某些事情戏剧化和形象化，以便生动形象地宣传和体现企业的价值观，使人们通过这些生动活泼的活动来了解并领会企业文化的内涵，使企业文化“寓教于乐”。

（4）文化网络。是指非正式的信息传递渠道，主要是传播文化信息。它是由某种非正式的组织和人群，以及某一特定场合所组成。它所传递出的信息往往能反映出职工的愿望和心态。

（5）企业环境。是指企业的性质、企业的经营方向、外部环境、企业的社会形象，以及企业与外界的联系等方面。它往往决定企业的行为。

1984年，美国麻省理工学院组织行为学教授爱德华·沙因（Edgar H.Schein）给企业文化的定义为：企业文化是在一定的社会经济条件下通过社会实践所形成的并为全体成员遵循的共同意识、价值观念、职业道德、行为规范和准则的总和，是一个企业或一个组织在自身发展过程中形成的以价值为核心的独特的文化管理模式。沙因在研究组织文化的过程中，率先提出了关于文化本质的概念，并提出了组织文化的五个维度：①自然和人的关系；②现实和真实的本质；③人性的本质；④人类活动的本质；⑤人际关系的本质等。

中国拥有五千年的文明史，有丰富的文化资源，中国的企业重视从民族文化中汲取营养，形成了有中国特色的企业文化。卢作孚在“实业救国”的长期经营实践中，把“服务社会，便利人群，开发产业，富强国家”作为职工教育的宗旨。卢作孚十分注重文化意识在经营管理中的作用。例如，他特别重视强化企业对职工的凝聚力，鼓励企业和职工的双向参与。他曾提出一个著名的口号“公司问题，职工来解决；职工问题，公司来解决。”他把这一口号印在轮船的床单和茶杯上，逐步培养职工树立一种与企业同生存共荣辱的集体意识，在企业发展中起到了良好的作用。我国著名企业家海尔集团总裁张瑞敏认为：企业文化就是企业的灵魂，是企业的价值观，是企业的基因。如果企业有一个好基因，那么这个企业就可以代代传承。就像一个人一样，如果这个人只是四肢发达，头脑简单，可能不会长久。企业也是这样，企业文化是企业生存兴旺、可持续的关键。我国民营企业之代表华为集团总裁任正非认为：资源是会枯竭的，唯有文化才会生生不息。他对华为企业文化的解释是：华为文化是包容性的洋葱头，不断地吸纳别人优秀的文化，把自己的文化做大做强；华为文化是《可可西里》的电影和残疾人表演《千手观音》，归纳为八个字'追求完美，无私奉献'，这就是华为主张的文化。

中国人民大学杨先举教授认为，企业文化是指支配企业及其职工从事商品生产、商品经营时，向自然索取，同社会交往中共同所持有的理想信念、价值观念、行为准则等。杨先举先生认为，企业文化是有传统根脉的。他多次撰文，并将儒家、道家、法家、兵家等优秀传统文化融入企业文化建设之中。杨先举先生认为，企业管理是文化现象，构建中国企业管理学、中国的企业文化观时，应该有中国自己的特色。他指出：创建中国特色的企业文化观，是管理获胜的需要，也是长我民族志气的问题。管理要走向世界，必须弘扬民族精神，建设祖国、振兴中华、繁荣经济，匹夫有责。

清华大学张德教授在《企业文化建设》一书中指出，企业文化是指企业全体员工在长期的创业和发展过程中培育形成，并一致遵守的个人最高行为目标和价值标准。企业文化是企业理念形态文化、物质形态文化以及制度形态文化的复合体。

我国高级咨询师刘洪武等学者曾撰文写道，企业文化是一种与民族文化、社区文化、政治文化、社会文化相对独立而存在的经济文化，反应的是企业经济组织的价值观与目的要求，以及实现目标的行为规则及习惯。先进的企业文化必然会深刻地影响着所有成员的思想、意志和行为，像呼吸一样促进组织自然新陈代谢，像血液一样渗透到团队的骨子里，真正成为企业的行动指南。可以说，卓越的企业必然有先进的企业文化体系；没有先进企业文化体系的支持，也不可能成为卓越的企业。

我国著名作家、书法家、原文化部常务副部长高占祥认为，企业文化是社会文化体系中一个有机的重要组成部分。它是民族文化和现代意识在企业内部的综合反映和表现，是民族文化和现代意识影响下形成的具有企业特点和群体意识，以及这种意识产生的行为规范。

7.2.2 企业文化构成

关于企业文化的构成，可谓众说纷纭，经过梳理，诸多作者的主要思想及观点如下：

（1）中国石油大学梁喜书、李凤万认为，企业文化纲领是企业内隐文化和外显文化的描述，是企业的规范化系统。从这一视角来看，企业文化由内隐文化和外显文化两部分构成。内隐文化是指企业内部为达到总体目标而一贯倡导、逐步形成、不断充实并为全体成员所自觉遵守的价值标准、道德规范、工作态度、行为取向、基本观念，以及由这些因素汇成的企业精神。内隐文化反映了企业生存发展的内在本质。外显文化是指企业的文化设施、文化用品、文化教育、技术培训、文化联谊活动等，外显文化是内隐文化在特定条件下的具体表现形式。

（2）有学者认为，企业文化由企业的心理文化、行为文化、物质文化三部分组成，其核心是企业的心理文化。在企业文化三部分构成学说中，企业心理文化处于企业文化的核心层，是企业经营管理中形成的浸入企业全体员工灵魂的价值观念和行为准则，它反映企业的价值观、经营观、财富观与企业精神理念。企业行为文化是第二层，是指企业生产经营、教育宣传、人际关系、文娱体育等行为中所产生的文化现象。企业物质文化是企业文化的表层，也称为企业文化的物质层。它是指企业在生产创造产品和各种物质设施中所形成的器物文化。企业物质文化以物质形态为主要研究对象。

也有学者认为，企业文化主要由三个层次组成：第一层面是企业理念，它是企业文化最核心的层面，企业理念也被称为企业发展的定位和未来的愿景。第二层面是企业的核心价值观。它是指明确的做事原则，也就是企业对待员工、对待客户、对待工作的准则。第三层次是企业的形象与标识，其主要包括，企业对外的形象、员工的工装、用语等一系列行为形象的规范。

（3）企业文化构成的四个层次。企业文化构成有两层次、三层次、四层次、五层次等诸多学说。其中，四层次学说得到了国内外众多学者的认同。中国人民大学杨先举教授和中国社会科学院刘光明研究员都阐述了企业文化的四个层次。①企业文化的精神层。企业精神文化在整个企业文化系统中处于核心地位，是在企业生产经营过程中，受一定的社会文化背景、意识形态影响而长期形成的一种精神成果和文化观念。主要包括三个方面：一是企业核心价值观，它是企业全体职工共同信奉的价值观，也是企业的核心理念。企业核心价值观决定企业的价值取向，对企业精神与物质的创造具有重要的导向与激励功能。二是企业精神，它是企业核心价值观所凝练、折射出的企业精神。企业精神是产生企业信仰、产生企业使命感、形成企业意志力的驱动力。三是企业职业道德及企业经营智慧，它是企业核心价值观、企业精神在企业经营中所表现出的智慧，以及长期积淀而形成的职业道德。②企业文化的制度层。企业文化的制度层亦即企业制度文化，它属于企业的规范层。它既是人的意识与观念形态的反映，又是由一定物质的形式所构成，是塑造精神文化的主要机制和载体。企业制度文化主要包括企业领导体制、企业组织机构和企业管理制度三个方面，具体包括：企业组织制度文化、企业生产制度文化、企业分配制度文化、企业激励制度文化以及其他制度文化等。③企业文化的行为层。企业文化的行为层亦即企业行为文化，它属于企业的行为层。它是指企业经营、宣传、人际关系活动、文娱体育活动中产生的文化现象，是企业经营作风、精神面貌、人际关系的动态体现，是企业精神、企业价值观的折射。企业文化行为主要包括企业家行为、企业模范人物的行为、企业员工群体的行为等。④企业文化的物质层。企业文化的物质层亦即企业物质文化，属于企业的实体层。它是由企业员工创造的产品和各种物质设施构成的器物文化，也是一种以物质形态为主要研究对象的表层企业文化。企业物质文化主要包括现代整体产品、企业生产环境、企业风貌、企业广告宣传、企业生态环境、企业技术装备现代化与文明程度等。企业文化的四个层次见下图。

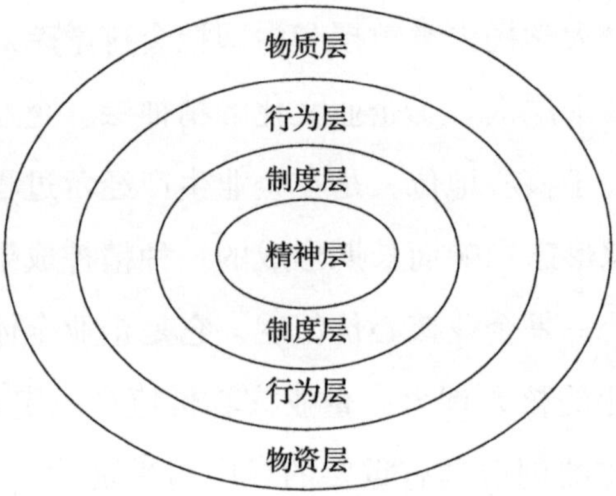

图 7-1　企业文化的四个层次

7.3　企业管理赋能

7.3.1　赋能诠释

赋，其本意为“以征而收”，如“田赋”“税赋”等。“赋”也是我国古代的一种文体，它讲究文采，韵律，兼具诗歌和散文性质。“赋”作为一种文体最早出现于诸子散文中，也叫“短赋”。以屈原为代表的“骚体”是诗向赋的过渡，也叫“骚赋”。汉代正式确立了赋的体例，称为“辞赋”。如东汉文学家、史学家班固创作的《两都赋》，杨雄的《河东赋》，司马相如的《子虚赋》等。魏晋以后，赋日益向骈文方向发展，叫作“骈赋”。唐代又由骈体转为律体，叫“律赋”。如杜牧的《阿房宫赋》。宋代用散文的形式写赋，称“文赋”。如欧阳修的《秋声赋》和苏轼的《赤壁赋》等。“赋”作为动词也有“给予”和“授予”等意思。

从词义来看，赋能就是赋予能力。赋能有先天赋能和后天赋能之分。天地日月星辰都有自身的能力或能量，并运行不殆。孔子所说的“天行健”。这个“健”就是健康、持续、循环、永续之能量。科学家用很多假设解释宇宙之能量，提出了宇宙大爆炸之学说。美国著名的天文学家爱德温·鲍威尔·哈勃（Edwin Powell Hubble）于1929年公布了一个震惊科学界的发现。即：所有的河外星系都在离我们远去，亦即宇宙在高速地膨胀着。哈勃证实了银河系外其他星系的存在，并发现了大多数星系都存在红移现象，建立了哈勃定律，是宇宙膨胀的有力证据。这一发现促使一些天文学家深入思考：既然宇宙在膨胀，那么就可能有一个膨胀的起点。哈勃是公认的星系天文学创始人和观测宇宙学的开拓者，被天文学界尊称为星系天文学之父。比利时天文学家和宇宙学家乔治·爱德华·勒梅特（Georges Henri Joseph Éduard Lemaître）继哈勃之后提出，宇宙开始于一个小的原始“超原子”的灾变性爆炸。这是大爆炸学说的前身。俄裔美国天文学家乔治·伽莫夫（Georgc Gamow）接受并发展了勒梅特的思想，于1948年正式提出了宇宙起源的大爆炸学说。宇宙大爆炸之能量恐怕就是“先天之能”。大到宇宙，小到蚂蚁，皆有先天之能。很多人都见过蚂蚁搬家，一个小小的蚂蚁可以背负比自身重数倍的食物而快速走动。蚂蚁之体能怎么这么大呢？蚂蚁之能恐怕也是先天基因所赋予的一种能力。赋能也有后天赋能，如人、动植物等出生后汲取日月精华、汲取食物之营养，并通过生命之运动，来增长能量。又如各类机械，都是人利用物理原理，通过机制的设计，赋予其能量，通过能量转化，让机械为人义务做工。我国古代工匠鲁班和墨子所造出的能在天上飞行的木鸟，诸葛亮造出用于粮食运输的木牛流马等也是利用了天地自然赋能之原理。当今，科学家们所创造出的各类飞行器、运载工具、机器人等都是利用了赋能原理。就连“胎教”中让未出生的孩子经常听一听优美动听的善乐，也是一种介于先天与后天之赋能。中国武术中的“四两拨千斤”也是合乎天地和人体之道的赋能。我们认为，赋能不是简单地给予能量，而是重在通过某种机制激活能量，产生强健而持续的能动性。我国教育强调“德智体”全面发展。“德智体”之教育就是科学赋予人德能、智能和体能的教育方法。可以说，赋能是一个简单而又颇具想象力、创造力的一个词。

7.3.2 企业赋能

管理学中的“赋能”思想最早可以追溯到管理大师彼得·德鲁克。他在《人与绩效》一书中提出，我们需要学习如何领导人而不是管理人，引导人而不是控制人。传统的人事管理方法是必须的，但是也要把人看成资源和机会，不再视为问题、成本和威胁。在管理学中“empower”早期，它更偏向授权的含义，即主管通过赋予、下放、分享权力等方式，给予员工更多做决策的权力。我们也可以把主管的授权看成是对员工赋能的前提。

关于赋能，国内外学者提出了诸多富有启示性的思想与观点，诸如：心理赋能、授权赋能、技术赋能、文化赋能、互联网赋能、供应链赋能等。归纳起来，赋能可以归为两大类：一是基于组织的观点；二是基于个体的观点。我们认为，企业赋能属于组织的赋能。就企业授权赋能而言，主要有以下三种方式：

（1）心理授权赋能

心理授权赋能（Psychological Empowerment）。我国大陆学者翻译为“心理授权”，而我国台湾学者翻译为“授权赋能”。心理授权赋能是从心理学的视角对个体员工授权赋能状况进行研究，认为授权赋能是员工对自身的工作价值、能力、控制力及影响力的心理感知过程，从而产生内在激励。Thomas 和 Velthouse（1990）认为，授权赋能能够产生内在任务动机。内在任务动机主要指个人从任务中得到的积极的、有价值的经验。他们认为内在动机的认知内容包括四个评估任务的变量，即：影响力、能力、价值及选择，这些变量均是增加内在动机的因素。Spreitzer（1995）进一步深化了心理授权赋能的研究，指出价影响力、能力、意义感和自我决定四个认知维度构成心理授权赋能的全面结构，她的最大贡献在于首次开发出心理授权赋能的量表，共包括 12 个题项，这一量表在后来的实证研究中得到了广泛应用。

（2）领导授权赋能

领导授权赋能（Leader Ship Empowerment）是从领导学的角度来研究授权赋能。最早关于员工授权的观点认为授权赋能就是把权力授予其他的人，但是随着时间的推移它的含义变为领导如何让员工拥有权力并提高能力，以改变工作场合的关系。Kanter（1977）把授权定义为："把权力给予那些在组织中处于不利地位的人。"授权赋能的确给员工和企业带来了益处，但是对管理者也提出了不同于传统管理的新要求。尤其传统的领导行为量表并不能完全适用于授权赋能的情境。于是 Konczak 和 Arnold 于 2000 年分别提出了能够强化下属心理赋能认知的领导行为量表，领导者通过提供一个清晰的方向为员工授权赋能，从而激励员工为企业愿景而行动。

（3）结构性授权赋能

结构性授权赋能（Structured Empowerment）就是要营建一个充分授权赋能的组织氛围。对企业而言，结构性授权赋能应重视全体员工的参与，并向全体员工分配权力，构建充分体现员工能动性的企业组织体系。Kanter（1977）认为有必要研究组织内结构性授权赋能的因素。他认为，员工的行为是对其所在工作环境的一个反应，如果员工感受到授权赋能的结构性环境，组织就很可能从员工的态度和组织效率两个方面获益。结构性授权赋能强调组织中的权力属于系统内各个层次的个人，成功的及合法的授权赋能有赖于能够促使所有员工或绝大多数员工参与的制度体系。Laschinger（1996，1997，2004）提出了对组织赋能（或结构赋能）的测量，从工作环境的角度来分析组织赋能的结构，量表由机会结构、信息的可得性、支持的可得性、资源的可得性、正式的权力、非正式的权力等六个因素组成。

7.3.3 文化赋能

“赋能”作为心理学和管理学中的一个名词，是通过良善乐观的心态、积极向上的言行、合乎情理的授权、朝气蓬勃的环境来影响自己和他人，赋予以能量或力量。在管理学的发展历程中，从经验管理、科学管理、行为管理、激励型管理、学习型管理、网络型管理，发展到企业赋能管理。在管理的每个阶段及相应的模式中，都离不开文化，也都会形成自己的企业文化。可以说，企业文化管理是企业健康、持续、和谐发展的基础，是企业前进的动力源泉，是企业生死相依的灵魂。一个企业的能量与价值，不仅取决于企业的规模、资金、技术、装备以及市场占有率、收益率，更取决于企业的精神与文化。文化赋能是企业长效、持久、温和的赋能方式，是全面激发企业活力，系统提高企业生命力与竞争力的赋能法宝。

（1）激活心能。一个企业的生存与发展靠什么？人、财、物、技术、信息、资源等硬件、软件固然重要，但文化是尤为重要的资源，是企业的心件。可以说，文化是企业生长的土地。土地肥沃是成长与收获的必备条件。平庸的企业也知道人的重要性，知道为人赋能，也重视技能和效能，但不知道企业的“心”能，更没认识到通过良善、优秀、健康的文化为企业注入心能。企业经营者的境界不同，企业的经营方式与效果也不同。处于唯我以及小我层面的经营者知道挣钱或赚钱，也想赢不想输，但并不知赢之妙用。处于大我层面的经营者，就可称之为企业家了，他们不仅把输赢看淡了，而且还明白了企业前进需要哪些动能。他们通过各种方式为企业赋能，引领企业奋勇前进。处于“无我无不是我”这一层面的经营者，才是大企业家，大儒商，他们明白“良心即天理”；明白“我为人人，人人为我”；明白“赢与共赢”“赢也非赢”之道理，就能为自己与企业注入强健的心能。

（2）赢与共赢。子曰：“己所不欲，勿施于人。”在市场中，你想赢，而别人也想赢！大家都想赢，于是你争我夺，不择手段，唯利是图。这就陷入了商界的“死循环”，不能共生，不能共赢，又岂能独生独赢。天有阴晴，月有盈亏，人有旦夕祸福。企业家要认准“赢”，但又不能掉入“赢”之陷阱中。“赢”也有不同维度，“唯我”是低维度，“无我”是高维度。一旦心魔作怪，就容易掉入“唯我”之陷阱。汉字“赢”造得非常奇妙。从汉字“赢”的结构来看，“赢”由五个汉字构成，包含了五种做人经商所必备的理念与意识：①知“亡”而长寿。“亡”是一种危机意识。有个成语“出生入死”，是指一出生就踏上了死亡之路。人有生命周期，企业也有生命周期，天地万物皆有生命周期。生死存亡，不可不慎，如履薄冰，如临深渊。“赢”的字头就是“亡”，是“置之死地而后生”。不论是小赢，还是大赢，最后都得死亡。死后还能够赢得后人的尊重，那才是大赢；死后还能够彰显于后世，激励一代又一代的后人那才是真正的赢。这种“赢”就是心能，一种永恒的能量。②“口”字，方方正正，就像东西南北之四象。口是众生与天地交换能量的通道，是能量之进出口。“口”也可理解为嘴，是一种饮食能力与沟通能力。俗话说：“病从口入，祸从口出。”能说不如会说，会说不如不说。境界高的人，即使不说话，也有一种让心能够感知的场能。当然，一般人还是需要及时沟通的。沟通缔结人与人之间的纽带，沟通是做人经商维系各种关系的桥梁，沟通是实现个人和气、家庭和顺、商业和谐的法宝。③“月”不仅是时间观念，也是一种清静无为的心态。月有盈亏，此事古难全。在宁静的月光下激起的不仅是诗人“床前明月光”和“把酒问青天”的豪迈之情。柔和的月光也带给经营者清净的心境与大智大慧。越是竞争激烈，越是输赢未定，经营者越需要一颗“清净心”。清净才能致良知，才能反扫自心，从而激活智能，运筹帷幄决胜千里。④“贝”是贝壳，代表财富与收益。财富是天地赋予众人的，财富终究不随个人而去，财富是水，润人润己，滋润万物。所谓君子爱财，取之有道。取之于民，用之于民。内心的慈善是人之归宿，履行慈善责任也是企业家的人生长跑的终点。做一点慈善，增一些快乐，长一分福田，生一些善能。自心光明，才能带给他人光明。慈善是开启心能的钥匙，慈善是长寿的法宝，慈善也是驾驭财富通向幸福彼岸的法宝。⑤“凡”是一种平常心态。“脱凡入圣者稀，凡夫俗子多矣。”保持一颗平常心，才有非凡之定力，才能激发良能。平常心包括良心、恒心、爱心、苦心、真心、忠恕心、清净心和慈悲心。凡事平常心最好，不易犯心脏病，还能克制自己的贪嗔痴慢疑。从平凡中悟出真谛，在平凡中践行大道。做人经商保持平凡心，才能交往平凡人，才能赢得人心，才能真如自在，自然而然地为自己、为他人注入不平凡的能量。

总而言之，赢不是简单地为自己而赢。赢要共赢，为大家而赢，为众人而赢，为众生而赢。为个人私欲而赢，赢也非赢。与众生共赢，不赢也赢，何必曰赢。不论是一个人、一个企业，还是一个国家，要牢记“输得起，才能赢得来！”文化自信，文化赋能，激活心能，激活众人之能，才能赢得未来！

（3）良知良能。企业作为法律拟制人，应重视激活企业的良知，赋予企业良能，为社会营造良善文化。亚当·斯密（Adam Smith）在《道德情操论》一书中提出了“合宜性的同情心”。斯密说：“爱使人愉悦，恨使人不快。”斯密所倡导的“同情心”与我国古代孟子提出的“恻隐之心”有些类似。恻隐之心是仁爱的开端，也是良善之根。德国著名哲学家、思想家伊曼努尔·康德认为“一个人的行为普遍被接受时才是善的。”“良心、良知、良能”是天地赋予人之本性，是自然而然的心性本能。企业作为社会公众，要讲良心，致良知，赋良能。

（4）至诚信能。俗话说："天道酬勤，商道酬信。"在企业生产经营活动中，要以信立世，取信于人。诚是天能，则信为心能。"一言既出，驷马难追"，重诺守信，信心生矣，信能彰矣。在石家庄市卓达书香园有个信誉楼裕华店就奉行诚信的原则，至诚至善地经营"信誉"这个品牌，形成了以"信"为核心的文化，用"信"感应人、感激人、感动人，在老百姓心目中形成了有品位、可品味的良好信誉、口碑与文化。在信誉楼入住卓达商贸广场之前，这里的商贸非常不景气，不少知名的商家入住这里，但商家像走马灯似的，皆因经营不善、竞争激烈而中途夭折了，能挺过一两年的，就十分了不起了。石家庄信誉楼裕华店是黄骅信誉楼百货集团有限公司下设的第十六家店，于 2013 年 12 月 28 日正式开业。开业以来，信誉楼裕华店经历了由顾客稀稀拉拉到顾客熙熙攘攘的过程。信誉楼给我们印象最深的是"免费品尝"和"无条件退货"，店员的服务态度很好。35 年的发展历程，信誉楼执着于诚信经营，坚持切实为他人着想的理念，赢得了广大顾客与社会各界的认可。我们认为信誉楼的成功可以概括为八个字"将心比心，至诚信能"。当今要为企业赋能，就得正心诚意、将心比心，才能以至诚激活心能，在天地人间辐射越来越多的信能。

7.4 本章小结

文化自信源自五千多年的中华文明，文化自信源自新时代中国特色社会主义。文化是人类社会进步的不竭动力，文化是企业成长发展的灵魂。以中国为代表的东方文化以集体主义为主，以欧美诸国为代表的西方文化以个人主义为主。集体主义就是天，人民群众像天气，为公为民才正气。个人主义就是地，挣钱养家有吃的，率先致富接地气。公与私共生共存，先公后私是君子，大公无私为圣贤。个体与集体融为一体，为集体而奋斗，才能更好地体现个人价值。文化不仅是一种符号，文化也是活生生的生命与灵魂，以文正心，以文化人，内化于心，外化于人。活生生的文化是社会进步的不竭之动力与无穷之能量，用良善文化为自己赋能，为他人赋能，为企业赋能，为社会赋能，为天地万物赋能，则自然而然矣。有善则行，有能则动，革故鼎新，文化创新，日新又日新矣！

第 8 章

企业伦理道德管理

在国家治理中，要长治久安，也需要人民群众同心同德。不论是个人与家庭，还是企业与国家，“立德”都是首要的。在企业，经营管理者与职工齐心协力、同心同德，才能立德。人与人之间一心一意、同心同德，社会就和谐了，世界也就和平了。

8.1 企业伦理问题

8.1.1 企业生产中的伦理问题

生产伦理是企业伦理的基本组成部分，从企业经济运行的环节来考察，生产、交换、分配、消费，生产居于首要地位，生产是其他经济活动的基础。生产伦理，指的是生财有道，不取不义之财，关注的核心是企业生产过程中的伦理道德问题。

生产伦理对分配、交换和消费等环节，对企业经济运行伦理起着决定性的作用，企业只有生产过程中按照伦理道德规范行事，才能保证在其他环节正常运行。田雨平（2013）认为，生产伦理是指企业主体在生产活动中的伦理素质，是人们从伦理道德角度对生产活动的根本看法，是对企业精神的理解和企业内在气质的体现，是人们在生产活动过程中形成的伦理观念、共同价值观念、道德规范、行为准则和历史传统等意识形态。它主要是指生产的产品质量、产品安全、生产与生态环境之间的关系、生产过程中所表现的企业敬业和进取的精神等方面的问题。

企业以一定的伦理道德标准为指导，从而开展一系列经济活动，生产环节的伦理道德原则为质量合格、生产安全和绿色发展。首先，要坚持质量第一。这是企业生产伦理的基本法则。从某种意义上说，商品质量的交换就是市场交换的核心内涵，产品质量是企业的“生命线”。在市场经济中，企业的产品不断推陈出新，质量第一，兼负企业经济效益和社会质量评价的双重责任。其次，要坚持安全原则。“安全”是指产品不应当给消费者带来身体、心理上的伤害，以及经济上的损失。安全原则主要表现为产品质量安全、员工生产过程中的人身安全、企业安全。最后，要坚持绿色发展原则。企业要坚持绿色发展理念，避免生产过程中出现资源与环境问题，这是千年大计。以创新驱动发展，提高资源利用的效率，企业高质量发展，走可持续发展的道路。

在生产环节中，存在诸多伦理道德失范现象，例如：产品质量问题、生产安全问题、破坏生态环境行为等。产品质量问题表现在产品质量不达标、产品造假等。如果产品或服务质量问题屡屡发生，企业的生产伦理道德将面临严峻挑战。而生产伦理则要求企业善待员工，保障员工人身安全，保障产品安全。

生产伦理试图促使企业在生产经营中关注生态，保护环境，是一种企业道德伦理的体现，它可以有效地调节和规范组织的道德和伦理行为。通常认为生态环境需要服从经济发展。正是这种认知误区，导致有的企业追求经济盲目发展，生态环境恶化，生态保护成为首要问题。

（1）资源的恶性消耗。资源是人类社会存在与发展的物质基础。自20世纪80年代以来，人类对自然资源的消耗量已经超出了地球的再生能力，企业发展只注重经济利益，而对自然资源的可持续发展并不关心。企业发展的确促进了经济增长，却同时加重了企业对资源的消耗量，然而资源是有限的且大部分资源不可再生。2006年，科学家首次提出了所谓“地球生态超载日”的概念，即人类在该年度的资源消耗量超过了资源再生量的那一日。如果企业不控制自然资源的过度消耗，并继续沿用高消耗的发展模式，资源的可采储量将继续下降，资源的可持续供给能力会有所下降，而地球可能陷入“生态破产”的境地。

（2）环境污染严重。企业经济发展带来的另一个负效应是带来污水、垃圾等，严重的环境污染问题。有的企业关注的重点在于企业的经济利益，对环境污染问题忽略或者存有侥幸心理，企业环境保护意识薄弱，较少思考环境事件可能给企业带来的致命危害。

8.1.2 企业营销中的伦理问题

1. 企业营销中的产品策略伦理

企业产品的包装也应符合伦理道德准则。企业产品的包装要客观清晰，实事求是，不能过度包装。一个充电器接头居然用一个巨大的箱子去包装；一块糖果外面包了一层又一层的包装纸等，过度包装华而不实，既无谓地耗费了大量资源，也对环境极不友好，从而影响企业竞争力。企业设计的产品质量应该符合伦理道德准则，企业产品的质量不能有致命性的缺陷。企业营销要注重塑造企业的产品品牌伦理。产品品牌伦理是企业重要的无形资产，是核心竞争力的重要来源。品牌伦理是从伦理道德的精神层面考察企业与品牌行为，分析行为对购买者、消费者、社会公众等利益相关者留下的品牌特征和产品诉求，进而分析评价，形成企业产品的品牌形象、品牌文化等品牌认知和判断。

2. 企业营销中的定价策略伦理

企业营销中的定价策略伦理，主要体现在企业定价的公平性和合理性，典型的违背伦理的定价行为表现为价格歧视、掠夺性定价等。

价格歧视，顾名思义，明明是同一种商品，但是针对不同的客户或不同的条件下采用不同的价格。从营销的角度来看，企业定价策略依据市场需求而采用差异性定价似乎被认为是符合商业逻辑的，但是从公平角度来看，企业定价应当明码标价、利润合理，对消费者一视同仁。2018 年 3 月，光明日报刊登了一篇文章《大数据杀熟，无关技术关乎伦理》，大数据识别出老客户的消费行为，精准推送信息，而最终形成了“最懂你的人伤你最深”的局面，确实与人们习以为常的生活经验和固有的商业伦理形成了一定冲突。

掠夺性定价往往是出于恶意竞争的目的，一方面要把业内竞争者排挤出市场，另一方面还要高筑壁垒阻击潜在进入者。为此，企业采取大幅度降低价格，甚至低于成本的定价策略。然而，如果凭借掠夺性定价成功吸引到消费者获得销售收入的提高，竞争对手一旦落败，企业就会重新提高单位产品价格，独自垄断市场。市场竞争既是经济行为，也是社会行为、伦理行为。

3. 企业营销中的分销策略伦理

分销策略中的伦理失范主要涉及两方面：

（1）渠道管理的伦理问题。如果渠道管理得当，渠道成员之间应当形成相互信任的关系，良性互动、合作共赢。渠道管理伦理问题主要表现为两个类型：①制造商、分销商和零售商之间的问题。由于管理不善，其中一方未能充分履行相关业务合同，或者制造商供应不及时或供应数量不足，或者过度压榨渠道会员，或者渠道中间商交款不及时等问题。②渠道经销商与消费者之间的问题。一方面，消费者要求渠道商遵循商业伦理，享受高质量的消费服务；另一方面，渠道商许下过多虚无缥缈的空头承诺、有意识地发布信息加以误导、形成“价格同盟”操控市场价格，这些行为无不是在坑害消费者，违背企业伦理。

（2）互联网渠道下的企业营销伦理问题。在信息社会里，许多企业建立了线上营销渠道，增强企业的道德责任感和社会责任感尤为重要。在鼓励自由、平等、参与、共享的基础上，清朗网络渠道，强化监管治理，企业应该承担起更多的社会责任，让伦理道德保驾护航新技术新业态，秉持塑造风清气正的价值观，以此开展营销服务企业和社会，创造更大的经济价值和社会价值。

4. 企业营销中的促销策略伦理

企业促销要遵守国家法律法规、社会道德、社会礼义廉耻、社会公序良俗等，不做伤风败俗的事。虽然营销是企业的重要职能，营销的本质是洞悉人性，基于此企业营销的任务是运用营销策略，精准的引发人的真善美的信念，克制贪嗔痴之心，吸引消费群体，满足他们的需求和欲望。企业价值追求不再单纯是利润最大化，而逐渐转向企业与利益相关者之间互惠互利合作共赢，在这一伦理观念指导下，企业传统促销手段如广告决策、市场推广越来越转向社会营销观念，促销策略中坚守道德底线。

8.1.3 企业人力资源管理中的伦理问题

企业人力资源管理中的伦理问题主要集中在将伦理理论应用于人力资源管理过程中，即在人力资源管理中实施和应用伦理原则和理念，这些伦理原则和理念是企业人力资源管理的基础，并对管理实践具有指导意义。企业人力资源管理伦理可以被看成是管理道德观和企业伦理观交叉融合的形态，公正、公平、诚信、关爱这些通常视为重要的人力资源管理伦理规范。

从人力资源管理视角，尊重即以人为本，主要指企业要尊重员工，保障员工的工资福利，确保员工的安全和健康，保护员工的个人隐私。保护员工的健康和安全是企业的一项重要社会责任，劳动法、工会法、劳动生产法等对此均有明确规定。维护职工合法权益，保障职工健康安全，既是合乎社会伦理规范的道德要求，也是国家法律法规的强制性规定。为了追求利润和利益，许多公司忽视了员工的健康和意愿，强迫加班，在高风险环境中工作，带来诸多安全事故，造成人员伤害，在安全和健康方面越来越突出。企业有保护和不侵犯员工隐私的义务和责任，人力资源管理部门掌握员工的大量信息和档案资料，人力资源管理专业人员对于这些档案、数据、信息的使用应该谨慎。现在企业人力资源管理的各个环节都有比较严重的个人隐私被泄露的情况，为员工带来困扰和伤害。尊重还体现在员工能够正常工作，而不遭受骚扰，主要是性骚扰。《女职工劳动保护特别规定》（国务院令［2012］第619号），第11条明确规定："在劳动场所，用人单位应当预防和制止对女职工的性骚扰。"因此，性骚扰不仅仅是对员工的不尊重，违反伦理道德，也是违反法律的。违反尊重的伦理规范还体现在个别企业的歧视现象，主要包括年龄歧视、家庭出身、教育背景、社会关系等，这些都不合乎伦理道德。

公平与公正问题，人力资源的六大模块中，招聘、培训、绩效考核、晋升等都涉及公平、公正。公平公正本是人力资源管理的基本原则，然而，在管理过程中有的部分需要管理者主观评价判断，因此可能导致与初衷不符。公平公正的重要性，学者们已经积累了丰富的研究成果。2001年，加里·韦弗（Gary Weawer）和琳达·特雷维诺（Londa Trevino）等研究者认为组织公平的感知是组织成员对组织忠诚的动力之源，它促进员工对企业的积极投入并与企业携手前进，不断成长。

公平主要体现在程序公平、制度公平和结果公平。程序公平是保证"结果公平"的保障条件之一，指在事件处理和决策的过程和程序中，体现出管理体系的科学和程序规范，对所有的利益相关者以及参与事件的各方都是公平的，从而广受认可。制度公平，指人力资源管理制度的合理性和健全性。有的企业进行资源配置时，由于管理制度的不完善不健全，领导拍脑门办事，导致工作任务、资源安排不均，引起员工不满。在企业内部，有时员工发牢骚抱怨制度制定的不公平、不清晰，执行起来没有统一的标准，认为企业待自己不公平导致出现负面情绪。结果的公平性是指人们参加社会活动后的待遇和分配的公平性，员工对结果的主观感知是衡量最终公平性的重要指标，结果公平是人们追求公平的根本目的。

契约精神是企业管理建构稳定秩序的手段，有人说契约即设定双方都应该遵守的规则，以及违约必须付出的代价，这里面不存在任何道德因素，本书认为契约精神是各方在自由平等基础上的守信精神。平等、自由、守信、尚法，是企业人力资源管理中契约精神的理念和原则。自由精神是契约精神的核心内容，人力资源的各个环节首先要建立一种新的平等和谐的人际关系，这是契约精神的基础。职场上每一位员工都期待得到高薪待遇，然而有的企业开出貌似天价的浮动年薪，但实际并非如此。2012 年 3 月 12 日《楚天金报》的一篇新闻，某企业招聘人才时约定年薪 30 万，令人垂涎；而企业抛出的条件是：要求你能把公司的产品在湖北市场做到 2000 万元的销售额，否则，月薪只有 3000 元。实际上完成这样的任务几乎不可能。类似的情况屡见不鲜，这种薪酬构成绩效薪资部分比重非常大，在本例中占比超过 80% 接近 90%，而岗位工资和资历工资比例过低，并且浮动工资部分远远超出员工工作努力和能力范围，表面是激励员工实则是不公平契约。这样的薪酬形式和内容是企业强加给潜在员工的霸王条款，有违契约精神中的自由和平等。在招聘、培训、绩效、劳动关系等人力资源管理的各方面，伦理首先体现在制度的建立和健全，而制度构成了人力资源管理各方的契约，管理的成效如何依赖于契约精神的执行和遵守。这种制度形式的契约，其精神中的守信，倾向于法治化的约束和遵从。

8.1.4 企业财务管理中的伦理问题

企业财务伦理是指企业在生产经营管理中开展金融活动，处理财务关系时遵循的伦理原则和规范。简而言之，企业作为一个独立经营，对自身利润和损失负责的经济实体，应该追求利润最大化，保护股东在经营活动中的权益；同时，也要履行一定的社会责任和义务，关注社会效益。

从理论研究来看，学者们对企业财务伦理属性特征和关键问题进行了解读。何小红（2012）在分析利益失衡对会计行为选择的影响时，提出了利益失衡导致财务造假的结论；进一步运用“收益——成本法”分析利益失衡如何产生财务造假，并且从功利论的伦理学角度提出相应的治理措施。张勇（2014）在详细分析我国上市公司财务舞弊现状及成因的基础上，认为防止企业财务舞弊的关键在于树立财会人员的商业伦理观念。研究还提出了防范企业财务伦理的对应措施，如加强行业自律，优化股权结构；推进公司治理法制化建设，加强企业内部控制，提高内部监督的有效性；推动投资者主动行权维权，提高投资者的风险意识和权利意识等。

企业财务管理的主要伦理问题：一是漠视企业伦理的内涵和内在本质。有时企业存在诚实缺失现象，失信于利益相关者。二是财务信息造假。编造虚假的账本、账目、数据、发票等，逃避税收，不讲伦理，造成严重的社会负面效应。三是逐利性。企业处于财务信息的优势地位，盲目逐利而忽视企业投资者的回报诉求，由于信息不对称投资者只得承受道德风险（李玫，2017）。

8.2 跨国经营中的伦理问题

8.2.1 跨国企业经营中的伦理问题

20 世纪 70 年代以来，跨国企业经营中面临伦理挑战日益严峻，主要原因是文化传统所形成的伦理意识、道德规则存在显著差异，还有各国制度不同导致企业的伦理责任和伦理诉求有较大区别。归纳总结，跨国企业经营中存在四类典型的伦理问题，具体地说：

（1）国际劳工标准问题。是指国际劳工组织在处理全球范围的劳工事务时采用的原则、规范和标准。现已形成了一整套国际劳工制度体系，以国际劳工公约和建议书为核心，主要包括管理系统、工时与工资条款、健康与安全等内容。管理系统中一个非常重要的沟通组织是企业工会。2006年7月29日沃尔玛公司在福建泉州成立了其在我国的第一个工会，这可谓是历史性的突破，然而组建工会以及工会充分发挥其作用仍路途遥远。在跨国企业工作的员工加班是常态，法定休息日被侵占，而且超时工作却几乎没有补偿或者说法；很多外企员工没有享受到“五险一金”，劳工工资低、劳动时间长、劳动强度大、待遇不平等。有的体力强度要求非常高的外资公司，给员工提供非常恶劣的工作环境。劳动环境差的问题，在跨国公司的代工厂中体现尤为明显，这些跨国公司中不乏世界知名品牌企业。

（2）市场歧视问题。指跨国企业同样的产品对不同国家消费者的歧视待遇，实施产品双重标准、售后服务差别化，这就是一种伦理失范行为。跨国企业一向被视为高品质严标准、管理过硬，有较高的品牌知名度，在消费者心中有广泛的认可度，因此更值得信任和青睐。然而，当跨国企业呈现不同面孔，降低技术标准、降低服务质量而一味追求经济利润时，这就是市场歧视，是对消费者权益的侵犯，是一种败德行为。

苹果公司对中国的消费者在售后服务、保修政策等方面多次使用“双重标准”，挑战国人底线。例如，当苹果手机在保修期内发生故障时，除了摄像头等极少数零部件之外，它将不会被修理，而是整个机器会被更换。奇怪的是，苹果的售后人员声称要“整机交换”，但对于中国的产品用户来说，实际上却不是更换整部手机，消费者更换后的“新”手机仍然是旧的后盖。同样的苹果公司，同样的苹果产品，应当遵循同样的售后服务政策，但在中国和其他国家却存在两种不同的标准。在英国、澳大利亚等国家，如果苹果手机在保修期内出现质量问题，苹果公司将为消费者更换一个全新的产品，包括后盖，这是一个真正的“整机更换”。

市场歧视这种现象的原因与监管部门、企业、消费者三方面相关。监管部门执行相关行业技术标准较低，召回制度等不够健全导致市场歧视现象发生；企业以利益最大化为目的，伦理道德意识不强，打擦边球；消费者维权意识薄弱，识别能力较差，这些都导致跨国企业经营中产生市场歧视。

（3）转移定价问题。当跨国公司在母公司与子公司，子公司与关联公司之间销售产品、提供商业或劳务服务、技术或其他无形资产转让、资金融通时所确定的一种不同于市场公平竞争的价格。转移定价是一种内部交易定价，其目的是为了降低甚至逃避税收，规避市场风险，进而提升跨国企业整体效益。

跨国企业转移定价常用的手段有四种，为描述清晰，我们将在华跨国公司利用转移定价向境外关联企业转移利润避税的情况进行探讨：①产品销售。主要是“高进低出”的定价方式。②劳务提供。在华子公司被迫以低价甚至免费为母公司提供劳务服务，而以高价购买母公司的产品或服务，从而跨国公司将收益转移到海外。③无形资产转让。跨国公司在华设立的子公司生产经营活动中包括专利、技术、诀窍、商标等无形资产的使用许可权，这就涉及无形资产的转让问题。无形资产的定价本身非常复杂，特许权费用的价格及其支付容易受跨国公司的管理和控制。跨国公司往往在税负较低的地区或者免税区设立关联子公司，使其拥有无形资产所有权，并安排其在华子公司向该关联公司支付巨额特许权使用费，从而降低跨国公司整体税负，并把高额利润转移到境外。④资金融通。企业内部的信贷往来，跨国公司以较高的利率将款项贷给在华子公司提供信贷资金，从而通过收取高额利息的形式将利润转移到境外。从企业伦理的角度分析，转移定价行为利用内部交易操纵价格，违反了正常的市场交易和公平竞争的原则，虽然貌似合规却有悖伦理。

（4）环境伦理问题。以跨国企业进入中国大陆为例，与欧美发达国家相比，中国的环境污染管制力度相对较弱，环境污染控制成本相对较低。跨国企业转移重污染企业、转移对环境破坏较大的生产环节、治污排污双标准，这些行为造成了我国自然资源的流失，导致生态环境遭受破坏和污染。

跨国企业环境伦理一个突出的表现是将环境污染密集产业从发达国家转移至发展中国家。发展中国家为了经济发展，对环境保护要求相对较低，为鼓励吸引外商投资而降低准入门槛，导致有害产业转移造成的生态环境破坏。这种转移的具体表现形式为：①把大量高能耗、高污染的初级产品转移到发展中国家生产；②把大量淘汰的工艺设备或生产线转移发展中国家继续生产；③技术许可和贴牌生产的方式大量生产资源消耗型产品出口到发展中国家；④引进或转移国外大量的垃圾废物到发展中国家进行再加工。发展中国家需要不断探索如何把承接国际产业转移与加快生态环境改善有效结合起来，以促进经济发展转型和生态环境的可持续性发展；而发达国家的跨国企业在进行产业转移时，需要面对环境伦理的深层拷问。

8.2.2 跨国经营所遵循的基本伦理准则

跨国经营所遵循的基本伦理准则，比较有代表性的包括：1990 年，金星国际和牛津欣克塞中心在美国旧金山举行了主题为“正当的利润：走出道德迷宫”的会议，提出了跨国公司在国际经营中应承担的责任。美国著名的经济伦理学家理查德 · T. 德 · 乔治（R.T. De. George，1993）以美国的跨国公司为研究对象，分析公司如何在发展中国家开展经营，目的在于使企业能够用这些标准去判别和指导企业行为实现伦理竞争，他提出了跨国经营时应当遵循的七条准则。2000 年，经济合作与发展组织对 1976 年制订《跨国公司行为准则》进行了修订，将其重点放在了可持续发展上，并包含了国际劳工组织所有的核心劳工协议，这表明新修订的准则更突出对企业在履行社会责任方面的指导，该准则是对跨国公司的一系列自愿性建议。下面本书重点介绍克拉克森原则。

克拉克森原则（Clarkson Principles），又名“利益相关者管理原则”，是考虑 21 世纪全球企业公民意义的重要参考工具。具体内容包括七项原则：①管理者应该承认和积极地监控所有合法的利益相关者的关注点，并应该在决策和运营中换位思考。②管理者应该开诚布公地与利益相关者沟通交流，倾听利益相关者的意见和看法，了解他们各自的关注点和贡献，以及他们由于与企业发生联系而可能承担的风险。③管理者应该采用对每个利益相关者的关注点和能力敏感的过程和行为模式。④管理者应该认识到利益相关者之间付出和回报的交互作用，并在考虑从他们各自的风险和脆弱性的基础上，力求在他们之间公平分配企业收益和负担。⑤管理者应该与其他实体（包括公共的和民间实体）通力合作，从而保证将企业活动所带来的风险和伤害最小化，当风险和伤害不可避免时能够获得恰当的补偿。⑥管理者应该彻底避免可能危及不可剥夺的人权（如生命权）的行为，或者会引起以下风险的行为：如果被清楚的了解后，明显不会被相关的利益相关者所接受。⑦管理者应该承认以下两者的潜在冲突：他们自己作为利益相关者的角色；他们对利益相关者的利益在法律和道德上的责任；管理者应该通过公开的沟通、恰当的报告和激励体系，必要时还可以采用第三方评价来处理这样的冲突。

8.3 企业伦理决策与道德管理

8.3.1 企业伦理领导

知识经济背景下伦理道德成为企业竞争优势的重要来源，企业管理者的伦理境界和道德决策会对员工行为、组织氛围、组织绩效等产生关键影响。基于这样的背景，学者们提出了伦理型领导的概念。1987 年，恩德勒（Enderle）首次使用“伦理型领导”一词，认为伦理型领导是领导者特有的一种思维方式，主要描述了领导者在管理决策过程中产生的伦理问题，伦理型领导者能够将管理决策过程规范化。伦理型领导是指公司领导者通过个人行动和人际交往表现出符合规范的、恰当的行为，并且通过沟通、强制和决策等方式向其追随者倡导这些行为（于晓宇等，2018）。

企业伦理型领导的方式和效果，还可以从领导自身做人及对员工的人性假设去分析。要做一个真正的好领导，就要先做真正之人。一真一正才是人。易中天先生认为，真正的人，第一真实，第二善良，第三健康，第四快乐。做领导也是如此。国内学者对企业伦理领导也进行了相关研究。范丽群等（2006）运用管理学比较的方法，从管理决策过程中是否具备道德合法性来探讨伦理型领导和非伦理型领导的差异，前者将道德合法性置于关键性决策因素，而后者，认为管理决策并不考虑是否具备道德合法性。侯亚丁（2011）的研究认为，组织环境对企业伦理领导有重要影响，也是领导发挥伦理道德控制的关键。企业伦理型领导的特点是诚实正直、对追随者关注和决策公平。通过建立合理的奖惩制度，员工可以较强烈地产生伦理行为意愿并表现出更多的伦理行为，企业领导根据伦理价值原则做出决策。

8.3.2 企业伦理决策

企业的决策过程也是管理者自我完善、自我实现的过程。伦理不是在企业之外的，而是内生于其中的。以伦理为企业决策做指引，有利于个人的完善、企业的发展，同时有利于促进社会主义核心价值观的深入和发展。伦理决策是企业在面对由复杂环境所产生的伦理困境时，进行企业伦理行为选择的过程（侯亚丁，2011），而这一选择过程必然是艰难的，那么当不知如何选择时，管理者应当有清醒的认知，哪些是可以排除的，哪些是必须坚守的，此时伦理成为判断的准绳。

企业伦理决策研究是企业伦理学及企业战略管理的前沿问题，中外管理学、伦理学研究中均有涉及。商业中的决策并不都是伦理决策，企业伦理决策有其自身的内涵、功能及特点。管理者个人素养提升，企业对社会有更突出贡献，并倍受尊重。如果管理者运用其社会规范、伦理和价值原则进行决策，企业的决策效果和管理效率就可以得到改进（Bird

Gandz，1991）。

企业应用伦理学进行管理决策时，必须考虑一些特殊因素，考虑企业发展、企业平衡发展、可持续发展。首先，企业的基本任务是生存和发展，获利是企业存在的前提和保障，但通过不当行为获取利润，企业的寿命就会缩短。另外，企业必须在获利欲望与社会需求和愿望之间取得平衡。保持这种平衡通常需要妥协，不断修订企业管理方案。为了使企业努力获利且不损害个体或社会整体利益，社会需要加强法律的约束与监管。

8.3.3 企业道德管理及其评价

管理学理论的诞生已有百余年，古典管理理论以“经济人”为假设，管理手段和方式侧重组织效率的提高而忽视了人的本性。自梅奥的霍桑实验提出人际关系学说，管理开始关注人的社会性，管理理论和实践开始走向以绩效为本和以人为本相互融合的轨道上来。人际关系理论被视为西方道德管理的理论源头。

中华优秀传统文化一直渗透在政治、经济与管理活动中，我国古代有诸多伦理道德思想仍然适用于当今管理的行为约束与行为规范。在现代管理学理论中，国内对道德管理的研究始于20世纪90年代，企业管理中强调道德管理实质是以人为本，注重运用符合道德要求和伦理认知的方法开展管理。管理过程学派是管理理论的主要学派之一，在管理学发展史中占据重要地位。运用管理过程的观点，周祖城（2003）解释了企业道德管理的内涵，研究认为企业道德管理是指通过对组织资源和组织成员的工作进行计划、组织、领导、控制，制定组织希望达到的道德目标，并尽可能以好的效果和高的效率实现道德目标的过程。企业道德管理是对商业伦理认同的德商的管理和培养，道德管理的目标是效率和德行两者并重，相互促进。中国伦理学研究者王小锡教授（2016）阐释了企业道德管理的内容，并就企业伦理道德建设提出建议。总体而言，企业道德管理就是坚持以人为本的价值取向，对组织内所有成员的道德价值进行引导和约束，采用灵活而非机械的方式，使其自觉并非强制性的尽力完成角色本身行为并发展角色外行为的一种潜移默化式的管理方式和方法。

企业道德管理，可以简单理解为对企业自身道德的管理，其主要工作是了解企业利益相关者对本企业道德水平的判断和认知，发现企业有哪些不道德行为或低于利益相关者期望的行为，从而优化改进提高企业道德水准。周祖城、池通等 2017 年的一项研究给予中国本土企业道德管理非常重要的启示，这项研究对中国大陆东部、中部和西部地区的本土企业开展问卷调查，共获得 212 份有效样本。问卷内容涵盖了关于企业道德的各方面信息，具体包括：①企业应当对谁负责？其中的选项是企业的主要利益相关者。②企业对不道德商业惯例的认知，这一问题主要是考量企业所处的营商环境中是否存在不太合乎道德的商业惯例。③企业维护自身道德的程度与措施。④工作中的道德冲突体验，这一问题主要是调查企业与员工发生道德冲突的具体原因及程度。⑤员工道德决策的影响因素，其中影响因素有员工个人良心、公司氛围、领导者、行业的风气等。⑥对假设的道德困境的反应，问卷中提供了四个与道德有关的虚拟情境，被试者根据问题做出选择和决策。⑦企业道德水准的变化，主要是调查企业道德水平是否有改变，促使改变的原因是什么。研究结果反映了现实问题，不道德商业惯例在不同的企业中相当程度地存在，被调查者支持禁止或消除不道德行为的存在同时也持较高的容忍态度；企业中道德冲突发生频率较高，发生的对象主要是企业内部，外部的利益相关者中较多发生在企业与顾客关系处理中。研究结果还显示，我国企业已经意识到企业道德管理的重要性，并在实践中取得了一定的成效。研究的结论不仅仅是分析评价了中国本土企业道德管理的现行状态，直接揭示当下的问题，同时为企业道德管理提供了思路和方向，如何进一步加强企业道德伦理建设，让道德充分发挥自身的强大力量，从而积极推动企业与利益相关者共创价值、共享成果。

8.4 企业伦理与治理

8.4.1 企业伦理与创业管理

相较于一般管理活动，创业发生在高度不确定的情境中，创业过程中呈现出高度资源匮乏的属性特征，因此创业管理作为管理学领域中的一个分支，无论研究者还是实践者更加关注创业活动的独特性。约瑟夫·熊彼特（Joseph A. Schumpeter，1934）认为，创业是创立新的组织形式或者开发新的稀缺资源，创业过程的结果是打破现有经济的平衡状态。那么，这种创造性的破坏力量是否违反了商业伦理呢？创业管理如何既产生有益的创造性价值，而又遵从社会道德规范甚至创造出新的社会价值呢？本书归纳创业管理活动的独特性，并依此开展创业与伦理关系的探讨，旨在将企业伦理与创业管理进行融合，提升创业价值并促使创业活动更加活跃。

（1）创业活动较强地依赖创业者及其团队的个人能力。创业是一个新组织形成的过程，新企业创建之前或企业成长的初期，管理活动更多地依赖创业者及其团队的个人能力。因为创业团队往往也很大程度上依赖于核心创业者，比如阿里巴巴固然有“十八罗汉”的创业团队，但马云作为核心创业者更具影响力，为简化起见，本书以创业者代之。很多时候创业者被视为不讲伦理道德，而实际上，高质量创业所需要的素质，包括自信、想象力、创造力和警觉性等都与创业者伦理水平相联系，创业者伦理意识越强，伦理水平越高，有助于把握机会，整合创业资源并创造价值。注重诚信和职业操守、强调公平正义具有责任担当的创业者更容易获取战略合作伙伴的支持。另外，创业者又常常被批评为片面追求商业经济利益，甚至不惜牺牲道德价值，认为创业者伦理存在“灰暗”地带，创业者隐藏劣势信息欺骗客户、利益相关者；创业者打破常规开展创新活动，但有时游走在制度边缘，利用制度漏洞投机钻营打擦边球，这样的行为虽然表面上合规但仍有违道德伦理。改革开放40年来我国取得了辉煌伟大的成就，其中企业家经济是重要推动因素之一，企业家群体中创业者比例最大，新时代背景下，优秀企业家精神为创业者的定位注入新的内涵和力量，根植企业家精神基因，推进高质量有潜力的创业活动。

（2）创业活动是创业者资源高度约束的情况下开展的商业活动。基于此，资源充裕的新产品开发、新事业开发，并不认为是管理学意义上的创业活动，而创业活动更多地体现为白手起家，从零到一的过程。正是由于面临资源不足的困境，有些创业者可能会采用延迟偿付供应商货款、延迟发放员工工资等类似情况；或者未经他人允许而使用其资源以弥补自身资源的不足；这些情况并不违法，但属于不道德之举。对于创业企业而言，“合法性”反映的是外部环境对于组织特征或行为是否符合外界价值观、规范、要求和期望的一种判断和感知（Suchman，1995）。资源匮乏的情况下，创业企业经常采取象征性行动、印象管理来获取合法性。象征性行动是指创业企业为了获取外部利益相关者的支持，装扮自身以迎合其偏好而达到其期望，而实质并未改变原有的面貌和行事方式。印象管理是指创业企业以一种与当前社会情境高度相似或吻合的形象来展示企业自身，以确保利益相关者对创业企业做出正向的评价。象征性行动和印象管理的目的都是创业企业有意识地向外界传递积极信号，从而突出自身优势，获得外部利益相关者青睐。显而易见，这种策略是容易奏效的，即使考虑伦理问题，如果没有对利益相关者造成负面影响，这种方法甚至是可被接受的。现实中，创业活动经常会面临两难困境：一方面资源约束难以推动创业进程；另一方面伦理规范就像利剑无形中约束企业行为。要想更好地处理资源约束与伦理冲突的问题，创业企业采用遵从战略，即依赖于现有法律法规，在合法的基础上营造较高的组织伦理氛围，以使得企业不得不为之的行为能够被利益相关者认可，同时形成企业的诚信道德公约，规范企业行为履行社会责任。

（3）创业活动是在高度不确定的环境中开展的商业活动。高度不确定性是创业活动的突出特点之一。不确定性客观存在，相比成熟企业，对于新进入市场的创业企业新手，可能会觉得无所适从。与不确定性相伴随的是风险性，面对不确定的环境，成功的创业者通常要积极地承担风险而不是设法规避风险。然而，创业所呈现出的创造性破坏、颠覆等特点，本身存在着创业和传统伦理相冲突的风险。创业活动的开展需要高风险承担的倾向和意识，不能也无法复制过往的经验和模式，必须打破常规挑战现行的经营模式。如何拿捏控制好这个度是创业活动所面对的伦理困境，程度合理的打破规则，高效开展突破性创新，有利于创业活动；而过度的破坏规则，可能动摇了其他个人、主体或组织的原有合法利益，甚至违法，会给创业企业带来危害。如何处理在不确定中遵守伦理规范，本书认为创业企业首先是利用风险而不是规避偶然事件，快速行动、善于学习、注重合作和联盟应对不确定性。另外，创业企业要着重关注创业与伦理的融合。比如创业活动的核心要素之一是机会，在机会识别过程中，对“他人机会”和“自我机会”进行权衡，这是符合伦理视角的合理做法。创业企业识别机会时，基于对自我先前经验、认知特征、社会资本等因素的分析，结合市场上潜在的对某类细分市场群体而言具有价值有吸引力的机会，两者进行匹配融合，并以此为起点开展有竞争力的创业行动，实现创业企业和顾客的价值共同创造。

融合企业伦理与创业管理两者之间的关系，形成了新兴的细分研究主题，主要包括：制度创业、社会创业、生态创业、公共创业、绿色创业等，这些研究的基本点在于创业在创造经济价值的同时，服从伦理目标并实现社会价值，这也需要创业企业在实践中去落实和履行。

8.4.2 企业伦理与公司治理

公司治理研究的重点问题是企业权力，研究对象是公司制企业。公司治理产生的根源问题在于由所有权和经营权分离导致的委托代理关系和不完全契约，公司治理则是一种机制设计，界定各利益方的权利和责任，使得公司实际的管理层和利益相关者（主要是股东和债权人）能够协同一致，同时对经营管理层的权力加以制衡和监督，防止股东利益受损。归纳梳理公司治理理论及其相关研究，其理论视角主要包括：委托代理理论、契约理论、博弈论、交易费用理论、产权理论等，重点研究公司治理的权力结构问题，强调如何设计相互制衡的所有权结构，如何安排利益相关者各自的角色及其责任，如何建设并保障公司治理机制的良性运行。在公司治理过程中，不仅仅依赖于制度机制，还依赖于公司的伦理机制，如公司的完整人格、管理道德水平、治理文化氛围等等（戴超颖，2012）。换而言之，公司治理不仅仅表现出一家公司的结构性规则，即制度属性；还体现出公司治理行为背后的价值观和道德准则，隐含着企业伦理这一属性特征。因此，作为精神层面的企业伦理是公司治理的基石。利益相关者理论是经济学和伦理学的交叉领域，在企业利益相关者共同治理结构中，机会主义者可能发生“搭便车”行为，这会破坏利益相关者的直接或间接利益，导致企业口碑下降。琼斯（Jones，1995）倡议公司与利益相关者之间保持一种和谐互动的共生关系，构建符合道德规范和伦理责任价值观的公司治理体系，遵循具有伦理导向的利益相关者原则，体现在诚信、真诚、信誉这六字原则，这是提升公司社会绩效的有效途径。吉百利（Cadbury）世界银行报告（1999）中指出：基于考虑到保持经济与社会目标、个人与集体目标的平衡，因此公司治理框架就是鼓励有效使用资源而且平等地承担使用这些资源的责任，公司治理的目标是让个人、公司和社会的利益更趋一致。

回顾公司治理的演进和发展，企业非伦理行为起到了助推作用，公司治理发端于英国，其导火索在于20世纪90年代英国爆发了一连串公司丑闻。2001年美国安然公司财务造假舞弊，几乎使投资者信心崩塌，之后萨班斯法案出台，改进公司治理结构，明文确定了公司管理层责任。2003年的帕玛拉特财务欺诈案，引起轩然大波，意大利政府加快步伐改革金融监管体系，以更大程度地保护投资者的利益。2004年，国际经合组织提出的公司治理准则指出，要努力构建市场导向的健康治理机制和企业运作机制，推进专业化的、合乎商业道德伦理、社会公众利益等的文化建设。公司治理结构对企业信誉和可持续发展具有重要影响。对于我国而言，完善现代企业制度、推进公司治理现代化，是企业改革发展的重要任务。从公司法的修订可以看出，对中小股东利益的保护是公司治理中的重要内容，也是公司法广受关注的话题。从伦理视角分析，股东需要公平对待，中小股东的知情权和参与决策权都受到很大程度的限制，只习惯于"用脚投票"，然而大股东往往运用多种手段侵占中小股东利益：通过资产购销、产品或服务购销等关联交易的形式，控制大股东实现转移定价；通过直接增加控制股东在企业的份额以实现对公司利益的侵占等。我国现行公司法对中小企业保护设有相关条款，包括：股东知情权（查账权）；少数股东股东大会的请求权、召集权与主持权；股东大会的累积投票制度；对关联股东与董事的表决权的限制；异议股东股份收买请求权；股东司法解散请求权；股东代表诉讼权等七方面。2008年美国爆发的金融危机席卷全球，导致世界经济面临严峻挑战，而危机中暴露出了金融服务公司中公司治理存在风险管理和高管薪酬等方面的严重缺陷，随后OECD针对问题，经过了多轮次的研究讨论修订，2015年版的《OECD公司治理准则》规定加强风险管理的预判和应对，执行更为严格的董事会职业道德准则，增加董事会中职工代表，充分披露与公司治理相关的信息。我国最新的2018版《上市公司治理准则》，总则第三条指出上市公司应当贯彻落实创新、协调、绿色、开放、共享的发展理念，弘扬优秀企业家精神，积极履行社会责任，形成良好公司治理实践。此次修订的《准则》还强化上市公司在环境保护、社会责任方面起到引领作用，强化信息披露，注重中小投资者保护，发挥中小投资者保护机构的作用。总体分析，当公司治理存在制度缺陷时必然会引发相应的伦理问题，而伦理问题的出现又会驱动公司治理不断进行变革并日渐完善；更加符合中国优秀传统文化和企业伦理的价值取向，形成一种伦理治理的长效机制，伦理治理与制度治理相辅相成，两轮驱动，构建完整和谐的公司治理体系。

在企业实践中，本书认为从两方面加强伦理视角下的公司治理：一方面，强化握有控制权的经营管理层人员的职业道德。握有控制权的经营管理人员，一般来说是职业经理人，他们是公司的实际掌控者，其伦理水准直接影响着公司整体的伦理水平和公司治理效率和效果。职业经理人应当遵守国家的法律法规，遵守公司章程，忠诚于公司，恪守职业行为规范和道德标准。另一方面，提高信息披露透明度。公司治理与信息披露关系密切，因为信息披露有利于完善公司治理，有利于保护公司产权和投资者利益。以上市公司为例，大多数中小股东并不能实时参与公司运作，只能借助在证券市场公开披露的信息来实现对公司的监督。公司治理设计中已经对信息披露有了制度层面的要求，1993 年 4 月，我国《股票发行与交易管理暂行条例》，首次对上市公司需披露的信息内容、形式、时间等进行全面、详细的规定，要求上市公司信息、交易信息、融资融券信息、监管信息等必须公开披露，形成了我国上市公司信息披露较早的制度规范，为公司治理体系的不断完善奠定了基础。“透明度”就是衡量公司信息披露质量的主要标准，推进公司治理现代化，就要提高公司信息披露透明度。在实际操作中，应以股权、投融资、业务三大链条为基本内容，以提高信息披露透明度为抓手，有效连接公司内部治理与外部治理，推进公司治理现代化。提高信息披露透明度，除了强制性的信息披露，还可以依赖公司自身的自愿性信息披露，不仅保证公司向投资者提供充分有效的信息，同时还传递了积极的信号，展示企业的诚信态度和核心竞争力。自愿性信息披露是经营管理层自主提供的，其披露的过程、内容、形式和手段折射出企业的价值导向和伦理道德。在自愿性信息披露时，企业必须遵循伦理价值的指引，树立诚信、客观、适当、公平、互利的自愿性信息披露理念，否则有可能公司为树立企业良好形象、提高自身知名度而进行选择性披露，违反伦理道德。从制度治理的视角分析，公司对利益相关者应当尽其必须履行的义务，承担社会责任；从伦理治理的视角分析，公司对利益相关者的行为规范应当合乎伦理，高质量地保障利益相关者的利益，提升公司形象。

8.5 本章小结

伦理道德是企业内在的文明基因，体现了企业的核心价值理念。企业经营中蕴涵着深厚复杂的伦理关系，处理不好则可能导致企业面临伦理困境和道德风险，企业伦理道德管理具有独特的管理意义和文明意义。本章从生产经营、跨国经营、组织决策、创业管理、公司治理等企业管理的几个典型领域详细分析了企业伦理道德管理的重要问题，旨在倡导企业遵循并着力营造符合社会道德规范的伦理氛围，培育企业优秀的伦理道德文化。中华优秀传统文化中不仅蕴含着对个体形成约束的道德规范、职业操守、人生观、价值观，还为企业伦理道德管理提供了丰富的资源和智慧，“讲仁爱、重民本、守诚信、崇正义、尚和合、求大同”的道德诠释，应该成为企业自觉的行动指引和价值基点，从中华优秀传统文化中汲取营养，企业不断提升伦理道德管理水平，深入推进企业伦理道德体系建设。

第9章

企业生态责任实践

企业经营者要以习近平总书记提出的“绿水青山就是金山银山”为核心理念，加强企业生态伦理建设，切实履行生态责任，促进企业与区域可持续发展。生态由人心，生态在人心，生态众生之心！有了这颗生生不息的良善之心，每个人都像爱护自己的生命一样爱护生态，生态则自然而然也。

9.1 生态伦理

9.1.1 生态诠释

现代汉语的“生”字是由甲骨文演变而来的。甲骨文的“生”字非常形象地描绘了草木从土地里滋生（生长）出来的现象。楷书“生”字则是一个“坐人”与“土”牢牢结合在一起。这反映了人类中心主义生命价值观的形成。土厚德载物，以信实为特点，所谓“种豆得豆，种瓜得瓜”。不论是人，还是生物，皆离不开土，所谓“人法地，地法天，天法道，道法自然。”人与自然和谐相处，就能生存、生长、生活。只要活着，人体乃至动物之心脏就不停地运动，为身体提供生生不息之动能。著名超导物理学家阮耀钟教授认为，能量是标量，没有正负之说。

我们认为，能量是物质、精神与信息的综合体。能量之间以及能量与物质、精神之间的相互作用与转化的确是客观存在的。“态”字不仅反映了客观世界物质能量交换，而且反映了主观与客观、精神与物质之间的能量交换及其关系。从人类的视角及评判准则来看，能量作用及转化的结果有好有坏。人之良能则是人之天然本能，也是一种由心而生的能量。

西方“生态”（Ecology）一词源自古希腊语“ Oikos”，本义是“住所”“栖息地”，后引申为“房屋”“家庭”等。19 世纪中叶，“生态”一词被现代生态科学赋予了新的意义。它主要用来指称自然界诸生态主体以及生态诸要素之间错综复杂的关系。从自然环境角度看，“生态”是指自然形成的自然状态，即“自然生态”。它是指生物之间，以及生物与环境之间的相互关系与存在状态。也可以说，生态是指一切生物的生存状态，以及生物之间和生物与所处环境之间相互依存、相互制约、相生相克、环环相扣的复杂关系。生态反映了自然界各种生物种群以及自然生态系统中诸要素之间循环、共生、持续的关系。生态实质上反映了复合生态系统中物质、能量、价值、信息的交换与动态平衡。近几年来，生态学已经渗透到农业、工业、服务业、教育产业、社会意识形态等各个领域，“生态”一词涉及的范畴也越来越广，“生态”也反映了人类追求真善美的价值取向，如健康的、美的、和谐的等事物均可冠以“生态”修饰。孙中山曾说：“物种以竞争为原则，人类以合作为原则，人类顺此原则则昌，逆此原则则亡。”不论是自然界的相生相克，还是人类种群之间的竞争合作，都形成特定时间特定空间的生态，生态是一种能量聚合，也是能量转换，能量的聚合与转换形成某种生态势。人与人之间以及人与自然之间，相互依存、相互作用、相互影响，从而形成人与自然复合的生态势。

9.1.2 生态伦理

生态伦理（Ecological ethics，简写为 Eco-ethics）是关于人与自然关

系的伦理。它是人类处理自身及其周围的动物、环境和大自然等生态环境的关系过程中形成的一系列道德规范。它确定的是人对自然界和对自然存在物的道德义务、道德权利和道德关怀。

我国古代有丰富的生态伦理思想。老子认为，自然万物生长纷纭繁茂，生生不息，但有生必有死，有灭必有生，其实质都原始反终、往复循环运动。老子道出了自然界的循环往复之道。孔子创立儒家，其重要思想仍是“天人合一”。孔子将上天与一年四季的时序有机联系起来了，世间万物皆由“天”所生，这里的“天”是指自然界。孔子强调，上天不仅有好生之德，而且在默默无闻中自然而然地运行，人要学习天地之道，弘扬良善之德性。而董仲舒把天、地、人视为情同手足不可分割的整体，三者共同作用，共同构成万物之本。这种天人合一、尊敬天地，顺应自然的思想是我国古代重要的生态伦理思想。

西方诸国对生态伦理学的研究，最早可以追溯到19世纪早期，英国提倡“功利主义”的著名哲学家杰里米·边沁（Jeremy Bentham）就主张把道德范围扩大到动物。他认为，感受苦乐的能力是获得平等权利的根本特征。法国著名医学家与哲学家阿尔贝托·史韦兹（Albert Schweitzer，1923）则主张把伦理的范围扩展到地球上的一切动物和植物。他认为，对一切生物的生命都应当保持敬畏的态度。史韦兹指出，对一切生命负责的根本出发点就是对自己负责，如果没有对所有生命的尊重，人类对自己的尊重也就没有保障。1949年，美国伦理学家奥尔多·利奥波德（Aldo Leopold）在其著作《沙乡年鉴》中描绘了一个荒弃的农场一年十二个月中的不同景象。就此，他提出了一系列土地及环境保护问题，并提出了“土地道德”这一观念。1975年，著名伦理学家彼得·辛格（Peter Singer）在其代表性著作《动物的解放：我们对待动物的新伦理学》一书中，从功利主义伦理学出发，指出应当把“平等地关心所有当事人的利益”这一伦理原则扩展应用到动物身上去。彼得·辛格将人类应当如何对待动物的问题作为一个伦理问题来探讨。他告诉读者，人类与动物和睦相处才能拯救不堪重负的地球。1986年，美国科罗拉多大学教授，著名哲学家、环境伦理学家霍尔姆斯·罗尔斯顿（Holmes Rolston）在其《哲学走向荒野》一书中提出了现代哲学必须从过去只关注人的价值转向关注自然界的价值。罗尔斯顿认为，价值是一个金字塔型的结构，相对于人而言的价值处于金字塔的顶端，自然物本身的价值如动物、植物、无机物的价值处于底端，底端是顶端的基础，顶端是在底端的基础上发展而成的，自然界是一个完整的、不可分割的整体，也是一个生命共同体，自然界这一生命共同体是价值之源。从这个意义上讲，人是生命共同体中的一员，对共同体负有不可推卸的道德责任。罗尔斯顿的《哲学走向荒野》及其后来出版的《自然界的价值》和《环境伦理学》等著作是对传统生态伦理的一种挑战，对人们更新生态伦理意识、重视生物多样性价值，从而树立人与自然的整体性关系等具有重要而深远的意义。罗尔斯顿因而被后人誉为“环境伦理学之父”。

9.1.3 企业生态伦理

工业革命以来，工业技术催生企业的成长与发展。企业数量、规模与质量的提高，促进了经济增长。但我们必须认识，现实社会经济中的企业既是污染物的主要制造者，也是污染物的排放者，还是资源与环境的严重破坏者。在工业化的长期发展进程中，企业为了自身的经济利益，往往以牺牲生态环境来降低成本，以对生态环境的破坏为代价来换取眼前的经济利益。片面地追求经济利益导致企业发展陷入经济改善与环境破坏之间的矛盾中。企业组织向自然生态环境大量排放废弃物，使自然生态环境失去了自我恢复以及自我发展的能力，而企业无须承担社会责任又导致了企业生态伦理道德的缺失与虚置。20世纪六七十年代以后，随着消费者对企业环保要求的增强，以及出于对自身发展的考虑，企业也开始反思自身行为，重新审视以往的发展目标和经营战略。不少企业开始构建企业生态伦理，加强企业生态伦理与文化建设的设想与计划也得以产生，并在管理实践中取得了积极的成效。

企业生态伦理，亦称为企业环境伦理。它是在处理企业与自然环境关系的过程中所应遵循的伦理原则、道德规范和道德实践的总和。现代企业生态伦理与传统企业伦理道德相比较，具有以下几个特点：

（1）社会价值优先于企业价值。为了使生态环境得到持续、可靠、有效的保护，在处理企业与社会、个体与整体之间的关系方面，企业生态伦理把社会利益、整体利益、环境利益看得更为重要。生态保护政策主张社会整体价值优先于企业个体价值。

（2）生态责任与经济责任并重。从本质上来看，企业承担社会责任是经济全球化背景下，社会进步对企业经济行为的道德约束。这是既反映企业宗旨与经营理念，又能用来约束企业内部以及包括供应商、经销商在内的生产经营行为的一套管理与评估体系。企业社会责任超越了过去企业只对股东利益负责的范畴，强调企业对包括股东、员工、客户、消费者、中间商、竞争者、企业所在社区、社会公众以及政府部门等利益相关者负责的社会责任体系。企业不仅对职工承担责任，而且要承担社会使命、生态使命，对社会、对后代、对生命和自然界承担相应的责任。

（3）企业生态伦理融入企业管理之中。企业管理不仅要坚持以人为本，在尊重人、尊重生命的基础上进行管理，而且要从人与自然的关系出发，坚持生态共生，在尊重生态和自然规律的基础上进行管理。把企业生态伦理融入企业管理之中，伦理与道德考量将成为管理决策过程中的一个重要标准。

（4）企业生态伦理具有更强的他律性和自律性。传统意义上的企业伦理虽然也主张他律，但核心是自觉与自省，是自律，而不是强制性的。由于生态保护问题的复杂性、紧迫性和长期性，企业坚持生态伦理要得到鼓励，反之，如果有伦理失范行为要接受惩罚，实现企业生态伦理行为的自律与他律。

重视企业生态伦理建设，做到企业与生态和谐发展，是当代企业健康、和谐、持续、发展的一个重要标志。当前，以生态伦理为核心理念的现代发展模式逐步得到了全世界的广泛认同，并逐渐成为全球的共同行动纲领。企业要把生态伦理作为核心理念，就要换位思考，不能以自己的好恶为价值尺度。要逐渐树立以生态为中心的人生观、价值观、世界观、竞争观和财富观。逐渐改变企业的价值取向与行为方式。尊重自然，珍爱生命，关爱动物与植物，保护企业与区域生态环境，维持生态平衡，不仅是企业保持本身经营发展顺畅的必要手段，也是企业关心人类命运、维持社会持续发展的一种责任感。

9.2 生态责任

9.2.1 责任诠释

“责任”（Responsibility）一词，按照《汉语大词典》的解释，其字面上的含义主要有三个方面：

（1）责任就是使人承担起某种职务和职责。既包括家庭方面的职责，也包括工作方面的职责。在家庭中，如父母的职责，夫妻的职责，子女的职责等。在社会中，如公务员的职责，工人的职责，农民的职责，教师的职责，军人的职责等。在社会中，工作职位不同，职责也不同。

（2）责任就是出于本分而应尽的义务，也就是分内应做之事。在家庭中，如父母对子女的抚养，子女对父母的赡养等。在工作中，每个人都有自己应尽的义务和职责分内之事，如工人完成一定的生产任务，教师完成一定的教学任务。

（3）责任也意味着若做不好分内应做的事就应该承担其过失或不利的后果。如今天的工作任务未完成，不仅影响明天的工作进度，还可能影响单位整体的工作进度。若在工作中失职、失误或渎职等，都可能给个人和单位造成损失。对个体而言，责任就是做自己分内应该做的事。也就是说，特定的个人或组织（如企业）对特定事项的发生、发展、变化及其后果负有积极的助长义务。如担保责任、举证责任等。如果个人或组织由于自己的原因，没有做分内之事，或者没有履行助长义务，那么个人或组织就应该承担不利后果或强制性义务。如违约责任、违法责任、追究责任等。

一个人在家庭或社会中扮演不同的角色，其职责也不同。但每一个人要扮演好自己的角色就必须承担责任、履行职责、尽职尽责。首先，责任体现了一个人的心态、态度、原则、作风、风格、习惯、思想。德国著名思想家、作家、科学家歌德说过："责任就是对自己要求去做的事情有一种爱。"高尔基曾说过：当一个作家深切地感到自己和人民的血肉联系的时候，这就会给他以美和力量。中国近代思想家、政治家、教育家、史学家、文学家梁启超说：凡是我受过他好处的人，我对于他便有了责任。其次，责任体现了一个人的心智、格局和胸怀，也体现出一个人的使命、生活空间以及人生追求与梦想。明末清初抗清名士顾炎武说过："天下兴亡，匹夫有责。"古罗马著名政治家、演说家、雄辩家、法学家和哲学家西塞罗说：我们不是为自己而生，我们的国家赋予我们应尽的责任。责任不仅反映了个人或法人的人生观、价值观和世界观，也反映了个人或法人对待人生、对待生命以及对待生态环境的态度。马克思说：人类的天性本来就是这样的：人们只有为同时代人的完美、为他们的幸福而工作，才能使自己也达到完美。英国首相丘吉尔说：高尚、伟大的代价就是责任。英国伟大的作家狄更斯说：人能尽自己的责任，就可以感觉到好像吃梨喝蜜似的，把人生这杯苦酒的滋味给抵消了。法国伟大的浪漫主义作家雨果说：我们的地位向上升，我们的责任心就逐步加重。升得愈高，责任愈重。权力的扩大使责任加重。

9.2.2 企业生态责任

企业是社会活动的机构，是市场活动的主体，也是经济细胞。企业有独立行为能力，当然应该对其所在区域、市场、国家与社会履职尽责，并为自己的生产经营等活动承担必要的生态责任。企业生态责任也称为企业环境责任，它是企业社会责任的重要组成部分。企业生态责任一般是指企业在生产经营活动中，应该认真考虑自身的生产经营行为对自然环境产生的影响，并且以负责任的态度把自身对环境的负外部性（也称外部成本或外部不经济）降至力所能及的水平，从而成为“资源节约型和环境友好型”的生态型企业。企业生态责任的主要理论包括可持续发展理论、循环经济理论、外部性理论等。具体而言，企业生态责任主要包括以下几个方面的内容：

（1）企业对自然的生态责任。传统的企业价值观认为企业是经济人，企业以经济利润为首要目标，以追求利润最大化为经济人的理性。他们认为企业的责任就是增加利润、获取财富，而企业所导致的环境问题应该通过财富的积累以及科技的进步来解决。但是随着工业化进程加快，严峻的环境恶化以及可利用的自然资源不断枯竭，经济与社会可持续发展的思想逐渐被人们接受。这促使企业认识到自身可持续与生态环境可持续的辩证关系，促使企业逐渐在追求经济利润中兼顾生态环境与资源耗竭问题，逐步走上可持续的科学发展道路上来。可持续发展要求企业充分考虑环境生态的价值，依靠科技进步与技术创新，提高经济、社会、生态综合效益，切实节约资源，保护生态环境。这要求企业公正地对待自然，通过政策与法规进一步限制企业对自然资源的过度开发，最大限度地保持自然界的生态平衡，从而确立企业对人类社会负责的精神，提高企业关心自身、关心自然、爱护生态、保护环境的责任感，自觉履行生态环境保护方面的义务与责任。企业在享受自然的吸收、包容、自净恩赐的同时，的确应该担负起保护自然、维护生态平衡的义务。因此，企业对自然的生态责任也是一种无形的契约，具有一定的他律性与强制性。

（2）企业对市场的生态责任。在市场经济条件下，企业作为市场的主体，通过分工、交易及竞争形成了市场，维系了市场生态，促进了市场体系的完善与发展。可以说企业决定市场，而市场又筛选企业。因为分工不同、交易不同、行业不同，形成了诸多的市场类别。在生态文明大背景下，市场也可以由不同的环境标准进行细分归类，环境标准约束企业行为，关乎社会经济的可持续发展。目前，在国际上已经认定了一些环境标准（如ISO14000系列），并按照一定的标准对产品进行遴选，只有通过此类环境标准的产品，得到了国际市场的认定及国际社会的肯定，才能进入特定市场，从而在此类市场上进行相关的交易。而那些没有通过此类环境标准的产品，则无法进入此类市场，其生产企业也无法在竞争中得到平等的地位，这类产品或企业甚至会被淘汰出局。因此，企业对于市场承担并履行相应的生态责任，符合国际通行的环境标准，不仅能够顺利进入市场进行交易，而且有利于形成自身的生态竞争优势。

（3）企业对公众的生态责任。企业不仅是经济人，还是社会人。企业不仅从事经济活动，还参与社会活动。因此，企业作为社会人应该对社会负责，应该对公众承担生态责任。在企业生产经营活动中，企业资源开发与利用的行为不仅挤压了人类及其他生物的生存空间，而且还影响自然环境状况及趋势。环境污染形势严峻，自然资源不断减少，物种多样性遭受严重破坏，人们赖以生存、生产、生活的环境逐渐恶化，这必然酿成严重的生态危机，影响人与自然的共生与和谐。而要从根本上降低人类经济活动对生态环境的负面影响，就必须改变由人组成的企业价值取向及企业行为。从环境伦理学的角度来说，企业对生态环境的破坏是一种有悖生态伦理的行为。一些企业依靠自己的技术和科学优势占有或者损害了生态环境，从而造成海陆空环境立体式污染，导致了资源枯竭。这种状况实际上是一种区域不公平，也是代际不公平。在这类有违公平的诸多行为中，企业应承担相应的责任。一部分人的发展不应损害另一部分人的发展，企业的发展也不应损害公众的利益。企业对社会公众的生态责任还包括对于公众生态责任意识的引导以及对生态责任的履行。随着企业数量的增多以及规模的不断扩大，企业对社会公众的影响力也在逐渐增强，特别是一些大企业，其行为与运作方式往往会成为公众效仿的对象和样板。

企业生态责任概念最早可追溯到“生产者责任延伸（Extended Producer Responsibility）”一词，它是瑞典籍环境经济学家托马斯·林德丘斯特（Thomas Lindquist）在1990年向瑞典环境与自然资源部提交的一份报告中提出的。其本意是生产者（企业）的责任应该延伸至整个产品的生命周期，包括产品对环境的影响等。他特别强调企业对产品的回收、处置与再循环利用，实际上要求企业在产品的整个生命周期过程中对产品承担某种责任。欧盟将生产者责任延伸定义为：“生产者必须负责产品使用完毕后的回收、再生或弃置。”世界经济合作与发展组织（OECD）的定义为：“产品生产者的责任延伸至产品消费后的阶段，包括将废弃物回收及处理责任由地方政府转移至生产者，并鼓励生产者将环境因素纳入产品设计中。”美国采用的是“产品责任延伸”（Extended Product Responsibility）概念，并认为它来源于生产者责任延伸。无论是生产者责任延伸还是产品责任延伸，其基本理念是将产品管理的责任从以“产品”为中心转移到原材料的选择、产品制造和使用以及产品废物的回收、处置、再生全过程，其责任主体由原材料供应者、产品设计者、生产者、分销商、零售商、消费者、回收者、处置者和再生者以及政府共同组成。这是对传统经济理论中企业行为责任范围的扩大，其实质上是要求企业应当对自己的生产经营行为承担更多的、相应的生态责任。

企业生态责任是在当今环境问题越来越突出的背景下提出的，目的就是从根源上解决资源的可持续利用问题，减少污染排放，进而实现经济社会可持续发展。企业生态责任与社会责任是一脉相承的，是企业责任发展到现代社会的必然。

9.2.3 企业生态责任问题

当代全球性的生态危机，本质是企业社会责任，尤其是企业生态责任的严重缺失造成的。正因为如此，西方社会才发起了企业社会责任运动，并逐渐引入 SA8000 企业社会责任体系和 ISO14000 环境标准体系等，以此来规范企业的生态行为。在我国深化供给侧改革，实现经济转型的重要时期，一些企业生态责任意识淡薄，履行生态责任的机制缺失，这加重了生态形势的严峻性。一些企业生态责任问题可以概括为以下几个方面：

（1）生态责任观念落后、意识淡薄。由于不少企业长期缺乏企业生态责任意识，片面地把追求经济利润最大化作为企业发展的目标，没有把生态环境保护作为企业自身应该承担履行的社会责任。一些企业“急功近利”“杀鸡取卵”“竭泽而渔”，近乎掠夺性地攫取自然资源，严重地破坏了企业所在区域的自然生态环境。例如：鸡西、双鸭山、鹤岗、七台河等煤矿城市，由于煤岩的大量开采，在矿山所在区域形成了大面积采空区，导致地面塌陷，破坏了植被及生物多样性。目前，四大煤城矿区总塌陷面积已达 500 多平方千米，且多集中于市区，由于塌陷造成居民搬迁、房屋改建、市政维修、铁路改线及耕地赔偿等费用高达 8 亿多元。在塌陷最严重的鸡西市，塌陷面积 156.3 平方千米，其中塌陷深度 2 米以上的超过 20 平方千米；因塌陷影响的建筑面积 1.13 万平方米，住户 2169 户，人口 11.56 万人，农田面积 0.71 平方千米，破坏公路 550 千米，破坏铁路 19.54 千米，给人民生命财产造成了巨大损失。

（2）地方政府对企业履行生态责任缺乏有效的监督。长期以来，地方政府过于追求GDP，鼓励企业追求经济利益，而对企业履行生态责任重视不够。尤其是政府基层，对企业履行生态责任缺乏激励与约束机制，对其监督与管理的力度不够。一些地方政府片面注重企业的利润与税收，并以此作为衡量当地经济发展和政府官员政绩的标准。当环境保护和经济发展产生冲突时，往往选择牺牲生态，弱化环境保护，为地方经济发展让路。一些地方政府重经济轻生态，没有履行好环境保护方面的职责；一些企业过于追求经济利益，没有把环境保护责任真正地落实到位。

（3）社会公众监管体系的缺失。企业所导致的生态环境问题不仅直接影响所在区域的居民，而且影响社会公众的切身利益。公众作为企业产品的直接消费者是重要的利益相关者。因此，企业十分重视社会公众对企业的客观评价与有效监督。社会公众对企业进行有效监督有利于企业提高生态责任意识，从而自觉地接受公众的监督，有助于企业履行环保责任。普遍增强公众的环保意识和法制观念，调动社会公众参与生态保护的积极性，对社会公众监管体系的形成与发展至关重要。虽然我国近年来生态保护的公众参与度比以前有了较大提高，民间的环保组织也开始发挥重要作用，但是由于缺乏维权意识和诉求渠道，社会公众监管体系总体上还处于宣传教育阶段，实际的社会监督力度还比较薄弱。

从上述分析不难看出，企业生态责任问题不单单是企业的问题，它实际上是一个全局性的社会问题，需要企业、政府、社会公众共同努力，协同作用，才能够有效地得到解决。从宏观层面来看，科学发展、和谐发展、可持续发展等理论与政策都体现了生态伦理思想；从微观层面来看，企业生态意识、生态规划、产品生态设计、生态工程、清洁生产以及ISO14000体系都以生态伦理为基础。可以说，生态伦理是企业的生命线，全面加强生态伦理建设，推进企业生态责任实践，是社会经济发展的必然。

9.3 邯郸建业检测公司生态责任实践

9.3.1 邯郸建业检测公司概况

邯郸市建业建设工程质量检测有限公司是原邯郸市建设工程质量检测中心改制组建的国有企业，成立于2007年7月，注册资金300万元。是河北省检测资质较全，检测能力最强的检测机构之一，是邯郸市最早且唯一采用中国合格评定国家认可委员会CNAS认可资格和管理体系的单位，是邯郸市资质最全、参数最多和最具权威的工程质量检测机构，为中建协质检分会会员单位、河北省工程质量研究会邯郸办事处和常务理事单位（副会长）、河北省认证认可协会理事单位、中国建筑业协会工程质量与检测分会会员单位、河北工程大学科研与研究生培养基地、河北省建筑科学研究院战略合作单位、邯郸市公共建筑能耗市级监测中心，荣获全国建设工程质量检测AAA级信用机构、河北省服务名牌，多年被评为河北省工程质量检测先进单位。

邯郸建业检测公司下设材料检测科、环检节能科、工程检测科、防雷智能化检测科、地基检测科、技术质量科、综合管理科、设备科、办公室、财务科10个科室，现有员工180余名，各类技术人员145名，正高级工程师1名，副高级工程师7名，中级工程师25名，助理工程师30名；硕士研究生9名，本科生65名，大中专生71名。公司设党支部，现有党员31名。资质范围为见证取样、地基基础、主体结构、钢结构、建筑幕墙、室内环境、建筑节能、建筑门窗、使用功能见证取样、建筑智能化、安全防护用品、太阳能热水系统、防雷装置检测等检测资质。该公司现有办公试验用房建筑面积15000平方米，其中试验室面积9500平方米，计量认证通过了三十八类1200个参数，拥有各类试验设备1000多台，是一所集科研、建工检测、防雷检测、业务培训、技术咨询、在线监测为一体的综合性试验室。

邯郸建业检测公司始终保持国有企业的高度性和觉悟性，广大一线检测人员始终抱着“科学公正、准确热情、质量第一、诚信为本”的工作目标，严格执行现行规程、标准、规范，高标准完成了多项政府工程检测，还配合完成国检组、省检组等各项检查工作；无论节假日，能够第一时间赶到现场，保证按期保质完成任务，在建筑检测领域发挥了重要作用，对影响质量的诸多因素进行有效的控制，有效地保证了全市建设工程质量水平，受到上级主管部门的肯定，为政府、企业、群众解决了问题，排除了困难，为保障邯郸市城市建设和建筑工程质量做出了贡献。

9.3.2 邯郸建业检测公司履行生态责任的成功经验

（1）抱着对环境负责的态度，及时处置试验后产生的污染物。邯郸建业检测公司承担大量建设工程质量检测业务，其中室内环境检测、使用功能见证取样检测等项目涉及化学性能检测参数，这些试验需要使用大量化学药品，试验完毕如直接排入管道，势必对环境造成污染。根据《中华人民共和国环境保护法》以及相关环境保护法律、法规规定，企业在生产过程中形成的工业废物（液），不得随意排放、弃置或者转移，应当依法集中处理。该公司委托具备物（液）处置资质的合法专业机构对试验完毕的废液进行科学分类处置，该公司还将各类工业废物（液）分类存储，做好标记标识，不混入其他杂物，以方便处置机构处理及保障操作安全。对袋装、桶装的废物（液）按照废物（液）包装、标识及贮存技术规范要求贴上了标签。节能材料做单体燃烧试验中，为避免对空气造成污染，加大了因燃烧产生的粉尘处理资金投入，增加了粉尘过滤装置，定期更换防尘布袋等，通过一系列措施有效保证了燃烧粉尘的治理。

（2）完成多项科研项目，为生态环境改善做出贡献。①邯郸建业检测公司完成了《邯郸地区铁尾矿制备高性能结构材料及其应用研究》，该项目对邯郸地区铁尾矿进行现场取样，充分研究其表象特征及其性能；通过进一步筛分，利用铁尾矿生产出机制砂，以及磨细的铁尾矿粉，加入水泥、水、外加剂等，浇注成形、养护，生产出性能良好的铁尾矿高性能灌浆材料和压浆材料；研究铁尾矿掺量、外加剂等因素对灌浆料和压浆料流动度、力学性能指标的影响，确定最佳材料配合比，实验室制备出满足材料标准要求的铁尾矿新型灌浆材料和压浆材料，为装配式结构用灌浆料提供新的材料，为废物利用提供了新途径，提高了固弃物的利用率，缩减了成本，提高了企业的经济效益。②邯郸建业检测公司完成了《基于图像技术的破碎卵石工程性能应用技术研究》项目研究，通过研究破碎卵石图像的获取、处理、识别与分析方法，定量评价破碎卵石的几何形状特征，进而以破碎卵石的圆度、扁平比、分维数，对比分析破碎卵石不同粒径的特征差异，探讨破碎卵石的圆度、扁平比、分维数与堆积密度、空隙率和紧密密度、针片状含量等指标的内在关系，既为破碎卵石混凝土质量控制提供依据，同时也是节约资源、节约时间的一个很重要的途径，产生了一定的环境效益、社会效益和经济效益。从环境效益分析，可有效降低试验过程中所带来的扬尘，减小混凝土拌合所需能耗，有效降低了实验操作对环境的影响，为生态环境保护贡献一分力量。③邯郸建业检测公司完成了《邯郸市区基于扬尘监测系统的建筑施工阶段 PM10 时空特征分析》的项目研究，选取邯郸市区大型建筑施工工地，采用监测技术成熟、稳定性好的 PM10 监测仪进行加密布点，以保障监测数据质量。同时，按照项目预期，在主导风向、城市风干扰区间和施工扬尘密集源等位置进行综合监测，构建起有针对性、代表性的扬尘监测系统。根据施工不同阶段的扬尘点位变化和扬尘特点，研究对于不同施工阶段现场各方位分别进行布点监测，并确定固定点位，形成多阶段的扬尘空间分布梯度数据集。在多个施工工地对监测系统和布点方案进行测试，通过数学比对，筛选出适用性广、高效准确的阶段监测方案，以保障多工地之间数据的可比性，使扬尘时空特征分析结果真实可靠。按照优选的最佳监测方案，在典型施工工地进行阶段 PM10 监测分析，研究其空间分布规律和时间变化规律，利用监测数据，详细分析各阶段 PM10 的高发点位、工序，分析 PM10 高排放时段特点，分析扬尘量、扬尘速度、面源体源规模等因素对 PM10 监测结果的影响，比较常用抑尘措施、降尘措施在各阶段的工作效率，现场监测空气中颗粒物含量在不同抑尘措施使用前后的数额变化，分析其实际表现，揭示薄弱环节，提出更具针对性的布点监测方案和强化扬尘治理措施。这些科研项目的完成，既发挥了该公司的技术优势，也为生态环境保护做出了贡献。

（3）承担该市主城区建筑施工扬尘检测任务，为打赢蓝天保卫战再立新功。为有效解决房屋建筑、市政工程建设等各类工地施工扬尘突出问题，实现建筑施工扬尘治理网格化、信息化、科学化、规范化、常态化管理，建立了过程全覆盖、管理全方位、责任全链条的建筑施工扬尘治理体系，邯郸建业检测公司投入资金以设备向建筑施工工地提供扬尘监测仪，对施工现场扬尘实时监控，并通过网络实时上传至行业监管部门平台，可通过手机 APP 实时查看扬尘数据，为行业监管部门建筑施工工地扬尘治理提供了科学依据，为邯郸市改善空气质量奠定了坚实基础。

（4）积极开展有益的生态环境保护活动。为弘扬党的十九大精神，传播社会主义核心价值观，净化公园环境，邯郸建业检测公司组织党员到月爱湖公园开展“净湖”行动，清理道路垃圾，捡拾草丛废物，耐心纠正随手乱丢垃圾、乱吐痰，躺卧座椅等不文明行为，引导游园讲文明、树新风、养成良好的生活习惯。此次活动不仅净化了环境，传播了文明，树立了新风，践行了十九大精神，还让党员增强了服务和奉献的意识，为建设生态文明城市贡献了自己的一分力量。为了进一步推进生态文明建设，切实提升城市文明形象，该公司党员干部积极参与春季义务植树活动，不在乎环境恶劣，不畏惧气候寒冷，领导带头，党员冲锋，团结合作，配合默契，在荒秃秃的土地上种满了承载着希望的树苗，进一步增强了公司党员的活力、凝聚力及团队精神和保护环境、服务社会的意识，在展现公司风采和队伍形象的同时也以实际行动践行了绿色发展理念。该公司组织党员干部多次在社区开展“走进社区、服务社区”党员活动，拔除杂草，清扫垃圾，社区焕发了新的风貌，不仅解决了社区困难，清洁了社区卫生，还传播了奉献、实干、文明等精神，也是该公司践行生态环境责任的具体表现。

9.3.3 邯郸建业检测公司面临的困难和问题

虽然邯郸建业检测公司发展势头良好，在各方面也取得了不错的成绩，在履行生态环保责任方面做了大量工作，取得了诸多成绩，但与较发达地区和管理先进的企业相比，还存在一些问题与一定差距，具体表现如下：

（1）公司内部生态环境保护治理的措施相对传统，方法比较简单，相对粗放，科技含量不高，制度上也不够完善，未能根治。

（2）在部分环节环境保护的意识还不强。快速发展的国民经济在不断创造着机会与机遇，企业在发展过程中，更多是把经济效益放在首位，在环境治理的有些环节重视程度不够。

（3）员工对企业环境责任监督的权力小。随着企业改革的不断发展，企业有些制度不能适应当前形势的需要，企业没有设立专门的企业社会责任监督管理部门。尤其企业结构的不断变化，使企业缺乏有效监督制约机制，也导致企业不能很好地履行生态责任。

（4）企业的消费者多、竞争者多、社区居民多、员工多，利益相关者数量大、人员分布广、沟通协调不通畅，难以形成共生共赢的利益共同体。而企业所有者和高管人数较少，分布集中，容易形成利益共同体，达成共识。因此，在企业与利益相关者博弈之中，各利益相关者群体联合起来采取一致行动以维护自身权益的成本比较高。这种收益与成本不对称，又加剧了企业与利益相关者之间的矛盾。

9.3.4 邯郸建业检测公司进一步践行生态责任的对策与措施

习近平总书记提出了“绿水青山就是金山银山”理念，党的十九大把坚持人与自然和谐共生纳入新时代中国特色社会主义基本方略。人民群众更是团结一心，积极参与。在积极构建社会主义新时代、新思想、新理念的同时，要不断加大人民群众的向前意识，所追求的进步不能只是直观表达出来的进步，是要全方位的进步，切切实实落好责任与担当。为此，企业在巩固所取得的成果经验的基础上，应采取更加科学有效的措施。具体地说：

（1）完善多方法律机制的配合。为了加强多方法律机制在保证企业履行环境责任中的作用，针对当前支持性法律机制不足的困境，有必要从以下两个方面对现有的支持性法律机制进行改革中国企业环境责任制度面临的问题：①发挥国家宏观调控的作用。市场机制在对制约和激励企业的因素中起着至关重要的作用，但不可否认的是，市场机制能力有限，不能解决环境等经济活动的负外部性问题。因此，环境责任只有运用国家权力来调整企业运营的外部市场环境，才能为企业履行环境责任提供激励和制约，从而使企业的环境责任得以整合。同时要继续完善以《环境保护税法》为代表的环境保护激励法律制度，扩大应税污染物的范围，完善环境税收优惠制度的配套制度，规范环境税收优惠制度。降低企业的排污权与碳排放权，不断扩大环境经济政策对企业的正负激励效应。②纠正企业内部治理结构。企业管理者发挥着重要作用。传统的法律研究和制度设计着眼于如何避免企业管理者侵害股东权利。然而，企业内部环境责任制度的出台，使得企业管理者不仅要为企业的股东和其他所有者的利益负责，还要为环境利益和其他相关公众利益负责。禁止损害环境等公共利益的行为，以满足股东的最大利益或企业经营者的个人利益。例如，加快企业内部环境审计的制度化和规范化，赋予监事会审查企业行为的环境风险等义务。

（2）完善企业内部配套激励措施和法制体系。当企业的行为违法时，有关法律法规会追究企业的经济责任，并处以罚款。这些罚款对企业来说是九牛一毛，根本不能起到警告和惩罚作用，也不能仅仅通过经济处罚来制止。因此，企业应在内部建立环境责任制度，如在企业内部建立一个环境责任监管部门，对企业内部实行环境责任评价与绩效考核等制度，使得企业从高层管理者到职工都重视企业的环境责任问题。

（3）细分环境责任，明确审计内容，规范审计实施。具体包括：①在执行方面，中低层管理者应定期如实向高层管理者汇报企业的环境问题，并且细化对环境审计的内容；高层管理者应给予中低层管理者对企业环境监督的权利。②在监督责任落实方面，董事会应建立严格的考评与激励制度，依据环境责任履行指标完成情况对责任人进行奖惩，形成有效的激励与约束机制，更好地对生态环境责任履行状况进行监管。

（4）企业应通过多途径积极承担社会责任。具体包括：①企业应积极强调生态正义的概念、生态基础的约束或有限环境承载力的概念。在基本原则部分，应强调责任原则包括污染者付费、使用者补偿、开发者保护、破坏者恢复和对环境污染的信息披露“谁负责任、谁来保护、谁来补偿、谁来负责”等。②公众参与是解决环境问题的有效手段。公众作为企业环境破坏的直接受害者，对企业环境责任进行监督是必然的。然而，在中国这样一个拥有悠久历史传统的国度里，不能单纯地考虑社会的性质，人情社会也是伴随我们左右的，我们无法去规避这个现实。这就让我们公民在进行监督的同时面对了更多的挑战。为了让我们的公民监督的义务与责任更好的落实到行动中，我们应该广开言路，给广大公民更多的途径去监督我们的企业，促进我们企业的向前发展。③企业不同行业的环境责任差异及目标体系优化。不容置疑，所有行业都应该承担环境责任。然而，由于产业、经济规模和业务范围的不同，不同类型的行业所承担的环境责任的范围和重点不一致，导致不能简单地衡量企业的环境责任。通过定量标准，企业环境责任制度建设只有充分考虑不同行业所承担的环境责任的差异及其各自的特殊性，才能不失去制度建设本身的针对性。

9.4 本章小结

企业有自己的生命周期，当今享有“中华百年老字号”的企业越来越少了，而短命夭折的企业却数不胜数。“自强不息厚德载物”是企业生存发展之道。企业种群是生命共同体，共生是生物种群中普遍的规律。企业要主动适应自然环境，而不是让环境被动适应企业。由人组成的企业有顽强的生命力、创造力与毁灭力，树立生态理念，弘扬生态文化，履行生态责任，生生不息，自然生态。

参考文献

［1］ 习近平．习近平谈治国理政［M］．北京：外文出版社，2014.

［2］ 中共中央党史和文献研究院，中央“不忘初心、牢记使命”主题教育领导小组办公室编．习近平关于“不忘初心、牢记使命”重要论述选编［M］．北京：党建读物出版社，中央文献出版社，2019.

［3］ 冯友兰．中国哲学简史［M］．北京：新世界出版社，2004.

［4］ 钱穆．孔子传［M］．上海：生活·读书·新知三联书店，2002.

［5］ 杜维明．现代精神与儒家传统［M］．上海：生活·读书·新知：三联书店，1997.

［6］ 纪良纲主编．商业企业伦理学［M］．北京：中国人民大学出版社，2005.

［7］ 胡适．哲学的盛宴（中国篇）［M］．北京：新世界出版社，2014.

［8］ 朱允恭．王凤仪年谱与语录［M］．北京：九州出版社，2013.

［9］ 唐凯麟，陈科华．中国古代经济伦理思想史［M］．北京：人民出版社，2004.

［10］ 陈炳富，周祖城．企业伦理学概论［M］．天津：南开大学出版社，2004.

［11］ 周祖城．企业伦理学（第三版）［M］．北京：清华大学出版社，2015.

［12］ 周祖城，池通．国家法治建设县域试验的逻辑与路径［J］．政法论坛，2017，35（4）：12-22.

［13］ 周祖城．企业社会责任的关键问题辨析与研究建议［J］．管理学报，2017，14（5）：713-719.

［14］ 李振纲．中国古代哲学史论［M］．北京：中国社会科学出版社，2004.

［15］ 程裕祯．中国文化要略［M］．北京：外语教学与研究出版社，2011.

［16］ 汪荣有．当代中国经济伦理理论［M］．北京：人民出版社，2004.

［17］ 吴成丰．企业伦理［M］．北京：中国人民大学出版社，2004.

[18] 刘光明．企业文化［M］．北京：经济管理出版社，2004.
[19] 唐凯麟，罗能生．契合与升华——传统儒商精神和现代中国市场理性的建构［M］．长沙：湖南人民出版社，1998.
[20] 小约瑟夫·L．巴达拉克，等．伦理化商业决策［M］．吴易明等，译．北京：中国人民大学出版社，2003.
[21] 曾萍．企业伦理与社会责任［M］．北京：机械工业出版社，2011.
[22] 苏勇．现代管理伦理学——理论与企业的实践［M］．北京：石油工业出版社，2003.
[23] 黎红雷．儒家管理哲学［M］．北京：高等教育出版社，1997.
[24] 葛荣晋．儒家"三达德"思想与现代儒商人格塑造［J］．学术界，2007，(6)：128-137.
[25] 葛荣晋．企业创新与现代儒商［J］．中共中央党校学报，2009，13(5)：90-95.
[26] 魏彦红．生活儒学对儒学与生活的意义和价值［J］．当代儒学（辑刊），2017，(1)：405-407.
[27] 苗泽华．新儒商理论与实践研究［M］．北京：经济科学出版社，2011.
[28] 苗泽华．中华新儒商与传统伦理［M］．2版．北京：经济科学出版社，2018.
[29] 程月明．企业持续发展视角的企业伦理研究［D］．博士学位论文，江西财经大学，2012.
[30] 程月明．企业人力资源管理伦理问题及成因探讨［J］．理论学习与探索，2013，(5)：57-59.
[31] 程月明．企业营销伦理问题及成因分析［J］．江西社会科学，2012，(5)：228-231.
[32] 道格纳斯．C.诺思．经济史中的结构与变迁［M］．陈郁，罗华平，译．上海：上海人民出版社，1994.
[33] 丁玲，吴金希．核心企业与商业生态系统的案例研究：互利共生与捕食共生战略［J］．管理评论，2017，29(7)：244-257.
[34] 弗兰西斯·福山．信任：社会道德与繁荣的创造［M］．李宛蓉，译．呼和浩特：远方出版社，1998.
[35] 郭方天．企业经营需要培育道德资本——"道德资本与企业经营"学术研讨会综述［J］．伦理学研究，2017，(4)：135-138.
[36] 郭广银，王成斌．透过金融危机看东亚模式和儒家伦理［J］．道德与文明，1999，(5)：14-18.

［37］ 郭重庆．中国企业缺什么？——管理是生产力［J］．管理科学学报，2001，4（4）：1-8.
［38］ 罗仲伟．中小企业理论研究的渊源与轨迹［J］．经济管理，2010，32（11）：178-186.
［39］ 马力，马美双．企业伦理、绿色创业导向与竞争优势关系研究——以新创科技型企业为例［J］．科技进步与对策，2018，35（3）：80-86.
［40］ 莫申江，王重鸣．国外商业伦理研究回顾与展望［J］．外国经济与管理，2009，31（7）：16-22+42.
［41］ 托马斯·贝特曼，斯考特·斯奈尔．管理学：构建竞争优势［M］．王雪莉等，译．北京：北京大学出版社，2004.
［42］ 王小锡．论企业道德管理［J］．新视野，2016，（4）：15-20.
［43］ 夏绪梅．企业非伦理行为的外部性及其宏观效应分析［J］．未来与发展，2010，（12）：79-82.
［44］ 詹姆斯·柯林斯，杰里·波勒斯．基业长青［M］．真如，译．北京：中信出版社，2006.
［45］ 张明星，孙跃，朱敏．种群生态理论视角下的企业间相互关系研究［J］．首都经济贸易大学学报，2006，（4）：51-56.
［46］ 张维迎．市场的逻辑［M］．上海：上海人民出版社，2010.
［47］ 周德孚．企业实践中的经济伦理与管理伦理［J］．复旦学报（社会科学版），1998，（1）：71-72.
［48］ 周德良．论企业人力资源管理道德之公正理念［J］．中国集体经济，2010，（12）：124-125.
［49］ 休谟．道德原则研究［M］．曾晓平，译．北京：商务印书馆，2001.
［50］ 约翰·密尔．功利主义［M］．唐钺，译．北京：商务印书馆，1957.
［51］ 徐庆利．功利主义与中国近代政治思想［D］．博士学位论文，吉林大学，2005.
［52］ 戴桂斌．功利主义述评［J］．湖北师范学院学报（哲学社会科学版），1999，（3）：32-36.
［53］ 吕滨．梁启超的功利主义伦理观［J］．江西师范大学学报（哲学社会科学版），2000，（3）：61-67.
［54］ 肖凤良，伍世文．边沁与穆勒的功利主义思想之比较［J］．广东农工商管理干部学院学报，2000，（4）：65-71.
［55］ 黄斌，张中秋．简论边沁的功利思想及法律改革［J］．南京社会科学，2002，

(3): 70-73.
[56] 魏英敏. 功利论、道义论与马克思主义伦理学 [J]. 伦理学, 2003, (2): 140-145.
[57] 顾肃. 自由主义基本理念 [M]. 北京: 中央编译出版社, 2003.
[58] 章海山. 西方伦理思想史 [M]. 沈阳: 辽宁人民出版社, 1984.
[59] 罗国杰, 宋希仁. 西方伦理思想史 [M]. 北京: 中国人民大学出版社, 1985.
[60] 王润生. 西方功利主义伦理学 [M]. 北京: 中国社会科学出版社, 1986.
[61] 牛京辉. 英国功用主义伦理思想研究 [M]. 北京: 人民出版社, 2002.
[62] 英奇. 从自由主义到后自由主义 [M]. 上海: 生活·读书·新知三联书店, 2003.
[63] 贺跃. 康德道义论的目的论研究 [D]. 博士学位论文, 湖南师范大学, 2016.
[64] E·策勒尔. 古希腊哲学史纲 [M]. 翁绍军, 译. 济南: 山东人民出版社, 1992.
[65] 石里克. 伦理学问题 [M]. 张国珍等, 译. 北京: 商务印书馆, 1997.
[66] 霍布豪斯. 自由主义 [M]. 朱曾汶, 译. 北京: 商务印书馆, 1996.
[67] 康德. 逻辑学讲义 [M]. 许景行, 译. 北京: 商务印书馆, 2010.
[68] 邓晓芒. 西方美学史讲演录 [M]. 长沙: 湖南教育出版社, 2012.
[69] 杨祖陶. 康德黑格尔哲学研究 [M]. 武汉: 武汉大学出版社, 2001.
[70] 邓晓芒. 康德道德哲学详解 [J]. 西安交通大学学报 (社会科学版), 2005, 6 (2): 44-47.
[71] 邓晓芒. 康德对道德神学的论证 [J]. 哲学研究, 2008, (9): 70-77.
[72] 林奇富. 近代社会契约论的历史与逻辑——社会契约论与近代自由主义的转型 [D]. 博士学位论文, 吉林大学, 2007.
[73] 卢梭. 社会契约论 [M]. 何兆武, 译. 北京: 商务印书馆, 1997.
[74] 卢梭. 论人类不平等的起源和基础 [M]. 李常山, 译. 北京: 商务印书馆, 1962.
[75] 何怀宏. 契约伦理与社会正义 [M]. 北京: 中国人民大学出版社, 1993.
[76] 王琦. 基于利益相关者理论的企业社会责任实现机制研究 [D]. 博士学位论文, 哈尔滨工业大学, 2015.
[77] 张兆国, 梁志钢, 尹开国. 利益相关者视角下企业社会责任问题研究 [J]. 中国软科学, 2012, (2): 139-146.
[78] 万寿义, 刘正阳. 制度背景、公司价值与社会责任成本——来自沪深 300 指数上市公司的经验证据 [J]. 南开管理评论, 2013, (1): 83-91.

[79] 高汉祥，郑济孝．公司治理与企业社会责任：同源、分流与融合［J］．会计研究，2010，(6)：32-36.
[80] 李维安，唐跃军．上市公司利益相关者治理评价及实证研究［J］．证券市场导报，2005，(3)：37-43.
[81] 沈洪涛．公司特征与公司社会责任信息披露——来自我国上市公司的经验证据［J］．会计研究，2007，(3)：9-17.
[82] 黄群慧，彭华岗，钟宏武，张蒽．中国100强企业社会责任发展状况评价［J］．中国工业经济，2009，(10)：23-35.
[83] 刘长翠，孔晓婷．社会责任会计信息披露的实证研究——来自沪市2002年-2004年度的经验数据［J］．会计研究，2006，(10)：36-43.
[84] 杨忠智，乔印虎．行业竞争属性、公司特征与社会责任关系研究——基于上市公司的实证分析［J］．科研管理，2013，(3)：58-67.
[85] 陈文婕．论企业社会责任信息披露影响因素［J］．财经理论与实践，2010，(166)：96-100.
[86] 叶青，叶闽慎．中国企业社会责任比较研究［J］．统计研究，2013，(6)：104-105.
[87] 宋建波，李爱华．企业社会责任的公司治理因素研究［J］．财经问题研究，2010，(5)：23-29.
[88] 谢文武．公司治理环境对企业社会责任的影响分析［J］．现代财经，2011，(1)：91-97.
[89] 郝云宏，唐茂林，王淑贤．企业社会责任的制度理性及行为逻辑：合法性视角［J］．商业经济与管理，2012，(7)：74-81.
[90] 郭洪涛．企业社会责任：制度作用与制度建构［J］．统计与决策，2012，(9)：167-171.
[91] 刁宇凡．企业社会责任标准的形成机理研究——基于综合社会契约视阈［J］．管理世界，2013，(7)：180-181.
[92] 刘美玉．企业利益相关者共同治理与互相制衡研究［M］．北京：北京师范大学出版社，2010.
[93] 贾生华，郑海东．企业社会责任：从单一视角到协同视角［J］．浙江大学学报(人文社会科学版)，2007，(2)：79-87.
[94] 蔡宁，李建升，李巍．实现企业社会责任：机制构建及其作用分析［J］．浙江大学学报（人文社会科学版)，2008(4)：128-135.

[95] 许正良，李娜．企业社会责任弹簧模型及其作用机理研究［J］．中国工业经济，2009，(11)：120-130.
[96] 齐丽云，魏婷婷．基于ISO26000的企业社会责任绩效评价模型研究［J］．科研管理，2013，(3)：84-92.
[97] 陈宏辉，贾生华．企业社会责任观的演进与发展：基于综合性社会契约的理解［J］．中国工业经济，2003，(12)：85-92.
[98] 高汉祥．公司治理与社会责任：被动回应还是主动嵌入［J］．会计研究，2012，(4)：58-64.
[99] 李淑英．企业社会责任：概念界定、范围及特质［J］．哲学动态，2007，(4)：41-46.
[100] 卢代富．国外企业社会责任界说述评［J］．现代法学，2001，(6)：137-144.
[101] 刘俊海．公司的社会责任［M］．北京：法律出版社，1999.
[102] 王辉．企业利益相关者治理研究——从资本结构到资源结构［M］．北京：高等教育出版社，2005.
[103] 邓汉慧．企业核心利益相关者利益要求与利益取向研究［D］．博士学位论文，华中科技大学，2005.
[104] 刘刚．中国传统文化与企业管理——基于利益相关者理论的视角［M］．北京：中国人民大学出版社，2010.1.
[105] 乔治·恩德勒．国际经济伦理——挑战与应对方法［M］．锐博慧网公司，译．北京：北京大学出版社，2003.
[106] 陈春花．企业文化管理［M］．广州：华南理工大学出版社，2003.
[107] 叶陈刚．企业伦理与文化［M］．北京：清华大学出版社，2007.
[108] 李金轩，赵书华，娄梅．企业伦理与道德［M］．北京：高等教育出版社，2008.
[109] 夏初，惠玲校释．蒙学十篇［M］．北京：北京师范大学出版社，2004.
[110] 杨智杰．中国古代官厅理财思想史研究［M］．北京：经济科学出版社，2009.
[111] 高朴．道德营销论——后营销时代经营思想研究［M］．南京：江苏人民出版社，2005.
[112] 席酉民，王亚刚．管理研究［M］．北京：机械工业出版社，2013.
[113] 叶陈毅．企业信用管理［M］．北京：高等教育出版社，2008.
[114] 周桂钿．“商”“商人”“商家”“儒商”［J］．河南工程学院学报（社会科学版），2008，23（1）：50-53.

[115] 周生春，杨缨. 历史上的儒商与儒商精神［J］. 中国经济史研究，2010，(4)：153-158.
[116] 张震. 论儒家管理思想及其对企业管理的现代价值［J］. 经济经纬，2000 (6)：87-90.
[117] 郑群，张炎荪. 论儒商的社会价值观［J］. 苏州大学学报（哲学社会科学版），2009，(6)：30-32.
[118] 张若甲. 散论五伦思想与和谐社会［J］. 社会科学论坛 2007，(8)：12-14.
[119] 那日苏. 网络时代的经济发展与社会信任度问题［J］. 北京理工大学学报（社会科学版），2000，2 (2)：23-26.
[120] 肖群. 传统儒商的概念辨析［J］. 科技信息，2009 (30)：129-130.
[121] 吕力. 论“儒”与“商”相结合的可能性——管理学视角下“儒商”概念的虚无性［J］. 商业经济，2009，(9)：3-5.
[122] 郑罗平. 儒家文化对学校教育管理的影响探讨［J］. 中国教育科学研究，2005 (12).
[123] 爱新觉罗·启翊. 孔子定义的“儒商”［J］. 新财经，2010 (9)：112-113.
[124] 于树彬，陶志明. 儒商的苦涩与新儒商的打造［J］. 商业研究，2008 (1)：127-129.
[125] 薛平. 现代“儒商”特征四议［J］. 扬州大学学报（人文社会科学版），2009 (3)：29-33.
[126] 汤恩佳. 儒教、儒学、儒商对人类的贡献［J］. 韶关学院学报（社会科学），2006 (2)：48-50.
[127] 戢斗勇. 儒商文化的时代要求［J］. 孔子研究，2009 (3)：119-120.
[128] 黄俊民，陈小冰. 让新儒商文化融入财经类高校校园文化［J］. 上海：人才开发，2006 (4)：23-25.
[129] 汤恩佳. 我为何一辈子宣传儒商精神［J］. 商学院，2014，(5)：119.
[130] 韩星. 齐家之道及其现代传承［J］. 中国儒商，2015.4 (第 8 期)：9-14.
[131] 杨先举. 传统文化与企业文化［J］. 企业文化，2004，(11)：39-41.
[132] 韩岫岚. 现代企业文化建设［M］. 上海：上海人民出版社，1992.
[133] 张燕，王辉，陈昭全. 授权赋能研究的进展［J］. 南大商学评论，2006，(12)：117-132
[134] 雷巧玲. 授权赋能研究综述［J］. 科技进步与对策，2006.(8)：196-199.
[135] 陈留彬. 企业社会责任理论研究综述［J］. 山东社会科学，2006，(2)：99-

101.
[136] 戴超颖. 公司治理的二维结构——伦理机制和制度机制的交互［J］. 现代企业，2012,（6）：30-31.
[137] 侯亚丁. 企业伦理决策的实现路径［J］. 经济导刊，2011,（9）：42-43.
[138] 李玫. 企业财务伦理缺失与重新审视［J］. 金融经济，2017,（10）：191-193.
[139] 刘伯恩. 组织合法性视角下矿业企业社会责任驱动机理研究［D］. 博士学位论文，中国地质大学（北京），2014.
[140] 田雨平. 我国企业经济运行过程中伦理问题的思考［D］. 硕士学位论文，沈阳师范大学，2013.
[141] 王秀华. 利益相关者企业价值管理研究［D］. 博士学位论文，中国海洋大学，2012.
[142] 邢丽婷. 在华跨国公司伦理问题剖析［D］. 硕士学位论文，华东师范大学，2011.
[143] 杨光飞. 企业伦理：意涵及其功能［J］. 伦理学研究，2005,（6）：55-60.
[144] 甘碧群. 企业营销道德［M］. 武汉：湖北人民出版社，1997.
[145] 马世骏，王如松. 社会—经济—自然复合生态系统［J］. 生态学报，1984，4（1）：1-19.
[146] 王如松. 复合生态与循环经济［M］. 北京：气象出版社，2003.
[147] 杨忠直. 企业生态学引论［M］. 北京：科学出版社，2003.
[148] 金天辅. 简论中国古代的生态伦理思想［J］. 道德与文明，1996,（2）：25-28.
[149] 谢菊. 论生态责任［J］. 北京行政学院学报，2007,（4）：28-30.
[150] 曹孟勤. 企业生态责任生成的内在逻辑［J］. 贵州社会科学，2008，224（8）：19-24.
[151] 张志丹. 企业生态责任的生成逻辑——从企业的经济道德人本质谈起［J］. 武汉科技大学学报（社会科学版），2010，12（6）：6-11.

后 记

自2003年3月出任河北地质大学（原石家庄经济学院）商学院院长以来，与领导班子成员反复研讨，集体确定了“诚信、博学、敬业、创新”的教育理念，以培养“适应全球化与社会主义市场经济的新时代中华儒商”为战略目标，不断深化教学改革，率先在本科生中开设《企业伦理学》课程，在企业管理硕士研究生中开设《企业伦理与文化》课程，在工商管理专业硕士（MBA）中开设《企业伦理与社会责任》课程。十几年来，商学院创建并实践了“新儒商教育四阶段理论”，即：大学一年级倡导仁爱教育，大学二年级倡导诚信教育，大学三年级倡导创业教育，大学四年级倡导感恩教育。商学院成立以来，每年都举行“新儒商杯”知识竞赛以及新儒商文化推广活动，已历时17个年头，举办了十七届。参加“新儒商杯”知识竞赛的学生范围也由我校商学院扩展到经贸学院、会计学院、法政学院、管理科学与工程学院等十余个学院。广大学生的积极参与，促进了新儒商教育活动的实施、推广与深化。2016年6月19日，商学院举行了首届中华新儒商卓越人才试点班开班仪式，在本科生中遴选33人。2017年，我们举办了第二期，遴选学生32人。2018年，我们举办了第三期，遴选学生37人。2019年6月，我们通过面试等环节初步遴选第四期新儒商试点班学生36人。在新儒商卓越人才试点班中，我们全面开展教育教学与人才培养模式改革，采用学分置换的方式，在课程设计中植入了《论语》《大学》《道德经》《史记》等中华优秀传统文化基因，取得了较好的成效。2018 年，新儒商人才培养模式写入了我校本科审核评估自评报告，受到了教育部本科审核评估专家的充分肯定与赞赏。

自 2017 年 5 月河北省社会科学界联合会下达 2017 年河北省社会科学发展重点课题“河北省企业伦理文化与社会责任研究”（编号：201702120201）以来，我们课题组积极开展研究工作，深入企业调查研究，发表相关学术论文。在本书的撰写中，苗泽华作为课题负责人拟定了本书纲要，确定了研究主线、内容体系与研究方法。该书的研究与撰写力求理论的系统性、前瞻性与创新性；力求知识的科学性、趣味性与丰富性；力求文化的传承性、普及性与先进性。具体分工为：苗泽华教授（管理学博士）负责前言、第 5 章、第 6 章和后记的撰写，并对全书进行了编撰与修改，还针对每章内容精挑细选了古代哲语名句加以诠释以作为每章之导语。王彦博副教授（管理学博士）负责第 2 章、第 3 章、第 4 章的撰写。闫丽平副教授（管理学博士）负责第 1 章、第 8 章的撰写。李金英教授（文学硕士）负责第 7 章的撰写和部分传统伦理文化资料的收集整理。高占须高级工程师（管理学硕士）负责第 9 章的撰写。

在课题研究和本书的撰写中，得到了河北社会科学界联合会、河北省教育厅、河北地质大学党政领导与商学院师生的关心与支持。本书还得到了国家第三批特色专业建设点工商管理专业建设项目（编号：TS10689）、2019 年度河北省高等教育教学改革研究与实践项目“新儒商人才培养改革研究——以河北地质大学商学院为例”（编号：2018GJJG286）、河北地质大学自然资源资产资本研究中心和河北省高校重点学科建设项目的资助。在研究中参考了诸多国内外论著。在此致以衷心的感谢！鉴于本人学疏才浅，书中难免有不妥或纰漏之处，敬请诸位专家、学者和读者批评指正。

苗泽华

2020 年 10 月